Sirtfood Kochbuch

Die besten Sirtfood Rezepte für Snacks, Gemüse, Salate, Fisch, Fleisch, Pasta, Desserts und Getränke. Inklusive Ernährungsplan und Einführung in die Sirtfood-Diät.

Cooking Club

Inhaltsverzeichnis

Einleitung

Was bedeutet „Sirtfood"?

Mit „Sirtfood" bezeichnet man Lebensmittel, die reich an Sirtuinen, eine Art von Protein, das Zellen in unserem Körper vor dem Absterben und Entzündungen schützt, beinhalten. Studien haben gezeigt, dass Sirtuine den Stoffwechsel regulieren und beschleunigen, die Effizienz der Muskelfasern erhöhen, den chemischen Prozess des Fettverbrauchs anstoßen, die Entzündung verringern und die Beseitigung von Zellenbeschädigungen simulieren. Mit anderen Worten, Sirtuine machen uns gesünder, schlanker und schöner. Lebensmittel, die reich an Sirtuin sind, stellen eine revolutionäre Art der Genaktivierung, die zur Gewichtsabnahme führt, dar. Diese wundersamen Nahrungsmittel sind besonders reich an spezifischen natürlichen Pflanzeninhaltsstoffen, die die Fähigkeit haben, unsere Gene anzustoßen.

Da Pflanzen überwiegend unbeweglich sind, entwickelten sie ein besonderes Stressreaktionssystem: Pflanzen produzieren Polyphenole, die ihnen helfen, sich an Veränderungen ihrer Umwelt anzupassen. Wenn wir diese Pflanzen essen, verbrauchen wir diese Polyphenole, die in unserem Stoffwechsel eine ähnliche Wirkung haben oder im Körper die Prozesse auslösen, die der Körper in Stressmomenten einsetzt, auch wenn der Stress nicht da ist. Diese Prozesse helfen dem Körper, den Blutzuckerspiegel zu kontrollieren, Fett zu verbrauchen, Muskeln aufzubauen und sie fördern die Weiterentwicklung des Stoffwechsels.

Die gesundheitlichen Vorteile von Sirtuin im Überblick:

- Sirtuine helfen, das Gewicht zu kontrollieren: Einige Studien haben gezeigt, dass Sirtuine nicht nur zur Gewichtsabnahme beitragen, sondern auch gegen Gewichtszunahme schützen.

- Sirtuine verbessern die Speicherkapazität des Gehirns: Sie schützen Neuronen vor negativen Auswirkungen bestimmter Krankheiten wie Alzheimer und verbessern das Gedächtnis und Lernfähigkeiten.

- Sirtuine schützen vor Diabetes: Es wurde gezeigt, dass eine Erhöhung der Sirtuinaktivität eine schützende Wirkung gegen die Insulinresistenz, einen Hauptrisikofaktor für Typ-2-Diabetes, hat. Umgekehrt ist die reduzierte Sirtuinaktivität mit einem erhöhten Diabetesrisiko verbunden, da Sirtuine Zellen insulinempfindlicher machen, weshalb sie mehr Glukose aus dem Blutkreislauf entfernen können.

- Sirtuine kämpfen gegen Krebs: Die Chemikalien, die Sirtuine aktivieren, beeinflussen, wie Sirtuine in verschiedenen Zellen wirken: Sie werden in normalen, gesunden Zellen „angemacht" und in Krebszellen „ausgemacht", was letztendlich dazu führt, dass diese ungesunden Zellen sterben.

- Sirtuine verlangsamen den Alterungsprozess: Eine Reihe von tierexperimentellen Studien haben die Sirtuin aktivierenden Proteine mit einer längeren, gesünderen Lebensdauer verbunden. Forscher sagen, es sei der Tatsache zu verdanken, dass Sirtuine als Wächterenzyme fungieren, welche die Zellen schützen und den Alterungsprozess verlangsamen.

- Sirtuine helfen bei Schlafstörungen: Sie regulieren den Schlaf-wach-Rhythmus.

Wer sind die Erfinder dieser Diät?

Britische Meister der Ernährungsmedizin Aidan Goggins und Glen Matten haben sich immer mehr auf gesunde Ernährung als auf Gewichtsabnahme konzentriert. In ihrem neuen Buch, „The Sirtfood Diet: The revolutionary plan for health and weight loss", stellt dieses Duo einen langfristigen Diätplan vor, der die menschliche Gesundheit durch mehrere Phasen unterstützt. Dazu gehören täglich drei Säfte aus sirtuinreichen Nahrungsmitteln sowie Mahlzeiten, die ebenso reich an diesen Wunder bewirkenden Proteinen sind. Goggins und Matten haben diese Diät nur an Probanden getestet, die täglich Körperübungen machen. Alle Probanden haben in den ersten sieben Tagen im Durchschnitt 3 kg verloren. Die Ernährungswissenschaftler betrachten dies nicht als eine drastische Diät, sondern gesunde Ernährungsweise. Sie stärkt die Immunität und regt den Stoffwechsel an, was zusammen mit der erforderlichen körperlichen Aktivität hilft, schneller und gesünder Körpergewicht zu reduzieren.

Sind Sirtfoods mit anderen Diäten kompatibel?

Zurzeit sind glutenfreie Diät, Low-Carb, Paleo und Intervallfasten sehr beliebt und Sirtfoods lassen sich ganz einfach in alle diese Diäten integrieren. Sirtfoods sind sogar für alle diese Diäten eine wahre Bereicherung, weil sie den allgemeinen Gesundheitszustand erheblich verbessern und zum Gewichtsverlust beitragen.

Sirtfood und Intervallfasten

Unter Intervallfasten versteht man eine Diät, die zwei Tage in der Woche umfasst, an denen die Kalorienaufnahme auf 500 - 600 begrenzt ist. An den restlichen fünf Tagen hält man sich an keinen besonderen Ernährungsplan, sondern man darf wie gewohnt essen, ohne Kalorien zu zählen. Wenn man sirtuinreiche Lebensmittel isst, bedeutet das, dass die Kalorienrestriktion des Intervallfastens nicht so sehr schwerfällt. Dabei sind auch die Chancen für die Gewichtsabnahme viel größer, denn auf diese Weise würde man nicht nur an zwei Tagen vermehrt Fett verbrennen, sondern an sieben.

Sirtfood und Low-Carb

Bei einer Low-Carb-Ernährung geht es um die stark reduzierte Zufuhr von Kohlenhydraten und ihren Ersatz durch Fett und Eiweiß. Der Low-Carb-Diät wird vorgeworfen, dass es ihr an pflanzlichen Lebensmitteln fehlt, und da die meisten Sirtfoods arm an Kohlenhydraten sind, wird empfohlen, sie in die Low-Carb-Diät einzubeziehen.

Sirtfood und Paleo-Diät

Die Hauptidee der Paleo-Diät ist es, diejenigen Lebensmittel zu sich zu nehmen, die wahrscheinlich auch unsere Vorfahren vor der Entstehung der modernen Landwirtschaft gegessen haben. Zu diesen Nahrungsmitteln gehören: Fleisch, Fisch, Meeresfrüchte, Obst, Gemüse und Nüsse. Die Anhänger der Paleo-Diät verzichten auf alle verarbeiteten Lebensmittel, Zucker, Milch und Getreideprodukte. Ein fehlendes Stück in der Philosophie der Paleo-Ernährung sind Sirtfoods, die Menschen schon immer gegessen haben.

Sirtfood und glutenfreie Diät

Gluten ist ein Protein, das in den meisten Getreidesorten vorhanden ist. Wenn man von einer Glutenunverträglichkeit spricht, dann denkt man vor allem an den Glutenbestandteil Gliadin, das zur Entzündung der Darmschleimhaut führt. Die meisten Sirtfoods sind von Natur aus glutenfrei und somit für jeden, der einer glutenfreien Diät folgt, von Vorteil.

Sirtuinreiche Lebensmittel

Obwohl alle Pflanzen ein Stressreaktionssystem haben, produzieren nur einige Pflanzen Polyphenole in ausreichenden Mengen, um die Sirtuine im menschlichen Körper zu beeinflussen. Diese Pflanzen nennt man „Sirtfood". Die Entdeckung von Sirtfood ermöglicht es, andere Methoden zur Aktivierung von Prozessen, die zu Gewichtsverlust führen, anzuwenden, statt zu hungern oder sich an strenge Ernährungspläne zu halten.

Dies sind einige der an sirtuinreichen Lebensmittel:

- Getränke: grüner Tee, ungesüßter schwarzer Kaffee, Rotwein
- Obst: Schwarze Johannisbeeren, Blaubeeren, Erdbeeren, rote Trauben, Datteln, Erdnüsse, Walnüsse, Granatäpfel, Äpfel, Zitrusfrüchte (Orangen, Mandarinen, Zitronen), Bananen
- Gemüse: Oliven, rote Zwiebeln, Radicchio, Brokkoli, Grünkohl, Sellerie, Chicorée, grünes Blattgemüse (Kohl, Spinat, Brunnenkresse, Wirsingkohl), Chilischoten, Rucola, Ingwer
- Gewürze: Kurkuma, Petersilie, Kapern, Dill, Zimt
- Getreide: Buchweizen, Quinoa
- Sonstiges: Olivenöl, Omega-3-Fischöl (aus Lachs, Thunfisch, Sardinen), reiner Kakao (ungesüßt), dunkle Schokolade (mindestens 85 % Kakao), Sojaprodukte (Tofu, Tempeh, Miso)

Top 20 Sirtfoods

1 Vogelaugenchili

Vogelaugenchili oder auch Thai Chili genannt, hat viel größere Sirtuin aktivierende Referenzen als die milderen Chilis, die häufiger verwendet werden. Thai Chili ist für seine gewichtsreduzierende Wirkung bekannt. Er spielt eine wichtige Rolle bei der Steigerung des Stoffwechsels, indem er die Körpertemperatur erhöht. Schnellerer Stoffwechsel, richtige Verdauung und Abfallvertreibung verringern die Wahrscheinlichkeit einer Fettansammlung im Körper.

2 Buchweizen

Buchweizen reguliert die Verdauung aufgrund einer großen Menge an Ballaststoffen, die er enthält, weshalb er besonders gut für diejenigen ist, die Probleme mit Verstopfung haben. Diese Ballaststoffe helfen außerdem, die Entstehung von Gallensteinen zu verhindern. Das Eiweiß in Buchweizen enthält alle neun essenziellen Aminosäuren, die der Körper nicht herstellen kann, wodurch es einem „vollständigen" Protein näherkommt. Die Aminosäure Lysin fördert das Wachstum und Wiederherstellung von Gewebe. Da Buchweizen glutenfrei ist, eignet er sich besonders gut für Menschen mit Glutenintoleranz. Er ist reich an Eisen, Kalzium, Vitamin E und B-Vitaminen, Magnesium, Zink, Mangan und Kupfer. Das Magnesium in Buchweizen hilft, Blutgefäße zu entspannen, die Durchblutung zu verbessern, den Blutdruck und den Cholesterinspiegel zu senken. Buchweizen leistet außerdem einen großen Beitrag bei der Stabilisierung des Blutzuckerspiegels, aufgrund der langsamen Zersetzung und Absorption der Kohlenhydrate. Dies ist besonders gut für diejenigen, die an Diabetes leiden und ihren Blutzuckerspiegel regulieren wollen. Da Buchweizen auch kalorienarm ist, reduziert er die Fettansammlung. Darüber hinaus enthält er Rutin, eine Chemikalie, die die Kapillarwände stärkt.

3 Kapern

Kapern enthalten Querzetin und Rutin in großen Mengen. Dies sind Flavonoidverbindungen, die als starke Antioxidantien wirken. Forschungsstudien haben gezeigt, dass Querzetin antibakterielle, antikarzinogene, analgetische und entzündungshemmende Eigenschaften hat. Darüber hinaus stärkt Rutin die Kapillaren und hemmt die Blutplättchenbildung in den Blutgefäßen. Diese beiden Wirkungen von Rutin unterstützen den reibungslosen Blutkreislauf in den Kapillaren. Es hat Anwendung in Testbehandlungen von Hämorrhoiden und Krampfadern sowie Verringerung des LDL-Cholesterinspiegels bei übergewichtigen Personen gefunden. Die würzigen Knospen enthalten Vitamine A und K, Niacin und Riboflavin. Niacin hilft, LDL-Cholesterin zu senken. Mineralien wie Kalzium, Eisen und Kupfer sind auch in signifikanten Mengen vorhanden.

4 Sellerie

Der Sirtfood Sellerie einschließlich seiner Blätter enthält die wichtigsten Sirtuin aktivierenden Nährstoffe Apigenin und Luteolin. Sellerie senkt den Cholesterinspiegel und Arthritisschmerzen, hilft bei der Gewichtsabnahme, entgiftet den Körper, reduziert den Bluthochdruck und fördert die allgemeine Gesundheit auf eine Vielzahl von Möglichkeiten. Es ist reich an Vitamin C und daher äußerst vorteilhaft.

5 Kakao und dunkle Schokolade

Klinische Studien haben gezeigt, dass flavanolreicher Kakao eindrucksvolle gesundheitliche Vorteile hat, die viele der Hauptprobleme der modernen Zeit umfassen. Dies gilt insbesondere in Bezug auf die Gesundheit des Herzens: Kakao senkt den Blutdruck, verbessert den Blutfluss zum Herzen, beugt Blutgerinnseln vor und reduziert Entzündungen. Darüber hinaus zeigt sich Kakao auch bei der Prävention von Krankheiten wie Diabetes und Krebs besonders effizient, und bei der Verbesserung der Gedächtnisleistung.

6 Kaffee

Neben der Gewichtsabnahme trägt Kaffee nachweislich dazu bei, das Risiko von Krebs und Diabetes zu senken sowie Herzerkrankungen und sogar Depressionen vorzubeugen. Die treibende Kraft hinter Depressionen und Herzerkrankungen und so vielen Krankheiten sind Entzündungen und Kaffee ist ein stark entzündungshemmendes Getränk.

7 Extra jungfräuliches Olivenöl

Olivenöl weist ein beeindruckend breites Spektrum an gesundheitlichen Anwendungsbereichen auf. Die Aufnahme von Olivenöl als Teil einer ausgewogenen Ernährung kann helfen, den Ausbruch von Diabetes zu verhindern. Es fördert die Sexualität, hilft bei Anti-Aging, Osteoporose und Hautschäden. Entzündungen, die eine Reihe von chronischen Krankheiten beeinflussen, können mit dem Konsum des Olivenöls gemildert werden, da seine entzündungshemmenden Eigenschaften äußerst wirkungsvoll sind. Olivenöl ist reich an einfach ungesättigtem Fett, was laut Forschungsergebnissen hilft, den mit Krankheiten wie Alzheimer verbundenen kognitiven Verfall zu verhindern oder zu verlangsamen. Die Antioxidantien, die es enthält, sind wichtig für die Stärkung und den Schutz des Immunsystems. Darüber hinaus verbessert es während der Schwangerschaft die psychomotorischen Reflexe des Kindes.

8 Grüner Tee

Grüner Tee versorgt den Körper mit Antioxidantien und Krebs bekämpfenden Verbindungen und gehört somit zu den mächtigsten natürlichen Heilmitteln, die es gibt. Dieses Getränk wird aus den getrockneten Blättern der Pflanze Camellia sinensis hergestellt, die sich gegen Pankreaskrebs, Lungenkrebs, Darmkrebs und Prostatakrebs als wirksam erwiesen hat. Grüner Tee reduziert auch Herzkrankheiten, senkt das „schlechte“ Cholesterin und schützt vor Schlaganfällen.

9 Grünkohl

Angesichts des unglaublich niedrigen Kaloriengehalts gehört Grünkohl zu den nährstoffreichsten Lebensmitteln überhaupt. Er ist reich an Vitaminen A, K, C, B6, Mangan, Kalzium, Kupfer, Kalium und Magnesium. Grünkohl ist genauso wie andere Sorten von Blattgemüse sehr reich an Antioxidantien. Dazu gehören neben Vitamin C auch Betacarotin sowie verschiedene Flavonoide und Polyphenole. Vitamin K ist ein wichtiger Nährstoff, der entscheidend für die Blutgerinnung ist, weil er bestimmte Proteine aktiviert und ihnen die Fähigkeit verleiht, Kalzium zu binden. Grünkohl enthält auch Gallensäure-Komplexbildner, die den Cholesterinspiegel senken können, was im Laufe der Zeit zu einem reduzierten Risiko für Herzerkrankungen führen sollte. Eine Studie ergab, dass der tägliche Verzehr von Grünkohlsaft über 12 Wochen das „gute" Cholesterin um 27 % erhöht und das „Schlechte" um 10 % gesenkt hat.

10 Liebstöckel

Liebstöckel bietet eine Reihe von gesundheitlichen Vorteilen. Er ist ein Aquaretikum oder eine Art Diuretikum, das das Urinieren ohne Elektrolytverlust fördert. Das häufige Wasserlassen spült die Harnwege und verhindert somit die Bildung potenzieller Nierensteine. Traditionell wird in der Kräutermedizin Liebstöckel verwendet, um Schleim aus der Lunge zu lösen, was wiederum den Luftstrom, Atmung und Sauerstoffaufnahme verbessert. Ein Wirkstoff in Liebstöckel namens Eukalyptol, das die Lungenreizung verringert, führt innerhalb von vier Tagen zu positiven Ergebnissen. Liebstöckel wird außerdem für die Behandlung verschiedener Hautkrankheiten wie Dermatitis und Akne verwendet. Wissenschaftler haben entdeckt, dass Liebstöckel einer der potentesten Extrakte gegen Organismen wie E. coli, Salmonella, H. pylori und H. influenzae ist. Darüber hinaus gilt er als ein natürliches Heilmittel für Gelenkbeschwerden im Zusammenhang mit Gicht und rheumatischen Gelenkschwellungen, ohne Nebenwirkungen zu verursachen. Die beruhigende Wirkung von Liebstöckel hilft auch bei der Bekämpfung von Allergien und Linderung von Menstruationsbeschwerden.

11 Medjoul-Datteln

Medjoul-Datteln enthalten nur etwa 66 Kalorien pro Stück. Sie sind eine gute Ballaststoffquelle und enthalten einen hohen Gehalt an essenziellen Mineralien, Kalium, Magnesium, Kupfer und Mangan. Die meisten enthalten eine erhebliche Menge an Fruchtzucker, weshalb sie eine gute Alternative zu kalorienreichen Desserts sind. Im Nahen Osten sind sie ein beliebtes Nahrungsmittel für Nomadenreisende, da sie viel Energie und gesunde Nährstoffe, mit dem zusätzlichen Vorteil, dass sie leicht verfügbar sind, bereitstellen.

12 Petersilie

Petersilie hat keinen hohen Kalorienwert, ist aber extrem reich an Mineralstoffen und Vitaminen, was sie zu einem hochwertigen Nahrungs- und Heilmittel macht. Nach Hagebutte und Blaubeere enthält das Petersilienblatt den höchsten Gehalt an Vitamin C. In 100 g gibt es 170 mg dieses Vitamins. Weiterhin enthält sie Provitamin A, Vitamin B-Gruppe einschließlich des extrem selten vorkommenden Vitamins B12, das sehr wichtig für die Bildung von roten Blutkörperchen ist. Von Mineralien enthält sie Eisen, Kalzium, Mangan, Magnesium und Kupfer. Sie hat eine positive Wirkung auf Kreislauf- und Herzprobleme. Ätherische Öle der Petersilie stimulieren die Funktion der Gebärmutter, erhöhen die Urinmenge, reduzieren die Harnwegsinfektion und zerstören die Bakterien.

13 Chicorée

Chicorée ist eine Pflanze, die sich auf die Gesundheit sehr positiv auswirkt, weshalb sie eine mächtige Ergänzung zu jeder Diät ist. Sie reguliert Verdauungsprobleme, lindert durch Arthritis verursachte Schmerzen, entgiftet die Leber und Gallenblase, beugt bakteriellen Infektionen vor, stärkt das Immunsystem und reduziert das Risiko für die Entstehung von Herzkrankheiten. Sie ist außerdem ein natürliches Beruhigungsmittel, schützt gegen Nierensteine und leistet einen großen Beitrag bei der Gewichtsabnahme. Obwohl Chicorée keine großen Mengen an Nährstoffen enthält, kann sie kleine Mengen des gesamten Spektrums an Vitaminen und Mineralstoffen beanspruchen, wobei die wichtigsten Vitamine C und A, Selen, Mangan, Ballaststoffe, Kalium und Phosphor sowie das Sirtuin aktivierender Nährstoff Luteolin sind.

14 Rote Zwiebeln

Rote Zwiebeln sind eine reiche Quelle von Polyphenolantioxidans Anthocyanin und Flavonoidantioxidans Querzetin, der gleichzeitig der wichtigste Sirtuin aktivierende Nährstoff ist. Diese Antioxidantien verhindern die Oxidation von diätetischen und zellulären Fettsäuren. Sie sind sehr leistungsfähig bei der Bekämpfung der freien Radikale, wodurch das Krebszellenwachstum neutralisiert und die Entzündungen im ganzen Körper drastisch reduziert wird.

15 Rotwein

Ein Glas Rotwein während der Mahlzeit zu trinken, kann das Risiko für einen Schlaganfall, Herzinfarkt, Darmerkrankungen sowie andere Krankheiten reduzieren. Studien haben gezeigt, dass Rotwein, wenn gemäßigt konsumiert, das Risiko für den Krebs des aerodigestiven Trakts, Lungenkrebs und Non-Hodgkin-Lymphom um 20 bis 40 % sowie Darmkrebs um etwa 20 % verringert. Durch regelmäßigen aber gemäßigten Konsum von Rotwein besteht ein um 30 % reduziertes Risiko für Herzkrankheiten. Darüber hinaus ist Rotwein gut für das Gehirn, denn er verbessert die kognitive Funktion und verringert das Risiko, bestimmte Demenzerkrankungen wie Alzheimer zu entwickeln.

16 Rucola

Rucola ist eine grüne Blattpflanze, die mit Vitaminen, Mineralstoffen und Antioxidantien gefüllt ist. Er gehört zu jeder gesunden Diät und hält den Geist klar und konzentriert. Er enthält einen hohen Gehalt an Folsäure und Antioxidantien wie Vitamin C, Vitamin K und Vitamin

A, was zum Bekämpfen der freien Radikale von großer Bedeutung ist. Er ist mit Carotinoiden, sowie vielen anderen Mineralien wie Kalium, Mangan, Eisen und Kalzium beladen, die nützlich und notwendig in der Ernährung sind. Rucola enthält Phytochemikalien, die Krebs vorbeugen können. Er ist anderen Sorten von Blattgemüse überlegen, weil Rucola wenig Oxalate enthält, also Chemikalien, die die Aufnahme von Mineralien in den Körper hemmen. Alles in allem ist Rucola ein kalorienarmes, nährstoffreiches Nahrungsmittel.

17 Soja

Das Hauptmerkmal von Sojabohnenkorn und was Soja von anderen Hülsenfrüchten unterscheidet, ist der hohe Gehalt an vollwertigen Proteinen. Die Sojabohne ist ein Pflanzennährstoff, der sieben Aminosäuren enthält, ohne die der Körper nicht überleben kann. Die Sojabohnen sind völlig identisch mit dem Eiweiß tierischen Ursprungs. In 100 g enthält Soja 7 g Wasser, ein günstiges Verhältnis von Fettsäuren (3 g gesättigte, 4 g monoungesättigte, 12 g polyungesättigte und 11 g Linolsäure) und 5 g pflanzliche Faser. Von Kohlenhydraten enthält sie Polysaccharid namens Dextrin, das eine große Rolle in diabetischen Diäten spielt, weil es nicht erlaubt, den Blutglukosegehalt schnell zu erhöhen. Soja enthält kein Cholesterin und fast keine der relativ schwer verdaulichen gesättigten Fettsäuren, die es in allen tierischen Lebensmitteln gibt. Sie ist eine ausgezeichnete Quelle von Lecithin und Vitamin E. Diese natürlichen Antioxidantien verhindern die Oxidation von LDL-Cholesterin. Soja ist auch reich an Magnesium, das eine wichtige Rolle für die Knochen-, Herz- und Arterienfunktion spielt.

18 Erdbeeren

Erdbeeren bieten erstaunliche 129 Prozent des täglichen Bedarfs an Vitamin C, einem bekannten Infektionskämpfer. Sie sind auch mit Mangan und Folat sowie Kalium mit seinem Co-Factoring-Enzym Superoxiddismutase gepackt. Kalorienarme und fettreiche Erdbeeren sind eine reiche Quelle von Anthocyanen, Ellagitanninen, Flavonolen, Terpenoiden und Ellagsäure, alle Phytonährstoffe, die zusammen das entzündungshemmende Potenzial multiplizieren. Mineralien wie Kupfer für die gesunde Entwicklung von roten Blutkörperchen sind reichlich vorhanden, ebenso wie Fluorid, Eisen und Jod. Neben der Tatsache, dass sie gegen Krebs wirksam sind, bekämpfen Erdbeeren auch starke neurologische Krankheiten und Anti-Aging-Verbindungen. Darüber hinaus ist ihre antioxidative Wirkung gegen freie Radikale hervorragend, ebenso wie ihre Fähigkeit, Blutglukose auszugleichen.

19 Kurkuma

Unter den zahlreichen Wirkstoffen ist der Kurkumingehalt, von dem angenommen wird, dass er für viele gesundheitliche Vorteile von Kurkuma verantwortlich ist. Neben ihren krebs- und entzündungshemmenden Eigenschaften wird Kurkuma auch wegen ihrer Fähigkeit, Gewichtszunahme und Fettleibigkeit zu verhindern, angepriesen.

20 Walnuss

Walnuss ist eine pflanzliche Proteinquelle, die für das Wachstum und die Wiederherstellung von Geweben wie Knochen, Muskeln und Haut besonders wichtig ist. Die Ballaststoffe, die die Walnuss enthält, helfen, den Appetit zu kontrollieren, weil sie das Sättigungsgefühl fördern. Die Walnuss ist reich an pflanzlichen Omega-3-Fettsäuren sog. Alphalinolsäure, die es in vier oder fünf Walnüssen genug gibt, um den täglichen Bedarf eines Erwachsenen an Alphalinolsäure zu decken. Ihre antioxidative Wirkung, die Polyphenole, Kupfer und Mangan zu verdanken sind, schützen die Zellen vor Schäden, die durch freie Radikale verursacht werden. Neben Kupfer und Mangan sind auch Magnesium und Thiamin für die Versorgung des Körpers mit Energie und die Aufrechterhaltung des Nervensystems verantwortlich. Walnuss dient auch als Vorbeugung bestimmter Gehirnkrankheiten wie Alzheimer. Sie enthalten außerdem Folat, das während der Schwangerschaft und zur Blutbildung benötigt wird. Die Aminosäure Arginin und Polyphenolantioxidantien helfen, Blutgefäße elastisch zu halten.

Weitere erwähnenswerte Sirtfoods

Zimt

Zimt ist bekannt dafür, dass er das schlechte Cholesterin senkt, eine fungizide Wirkung hat, Pilze zerstört und deren Wachstum verhindert. In Zimt gibt es auch Salicylate, die hohes Fieber senken und Gegenmaßnahmen ergreifen. Neuere Untersuchungen haben gezeigt, dass Zimt auch als Alternative zu herkömmlichen Lebensmittelkonservierungsmitteln verwendet werden kann, da seine ätherischen Öle auch antimikrobielle Aktivität aufweisen. Zusätzlich stimuliert der wundervolle Geruch dieses Gewürzes die Arbeit des Gehirns, wobei das Kauen von Zimtkaugummi die Aufmerksamkeit, das Arbeitsgedächtnis und die visuelle Erfahrung steigert. Zimt ist eine ausgezeichnete Quelle für Mangan, Eisen, Kalzium, Kupfer und Zink sowie Mineralien, die den meisten Nahrungsmitteln fehlen. Außerdem enthält er Vitamin C, K, Pyridoxin (B6) und Riboflavin (B2). Experten empfehlen, dieses Gewürz zu verschiedenen Lebensmitteln im täglichen Gebrauch, wie Kaffee, Fruchtsäfte, Müsli usw. hinzuzufügen.

Brokkoli

Im Brokkoli gibt es Wirkstoffe, die vor Krebs schützen. Diese Verbindungen blockieren die Entwicklung von Krebszellen und verhindern Krebs des Dickdarms, des Magens, Brust, Gebärmutter und Prostata. Dank dem hohen Gehalt an Kalium und Magnesium hilft Brokkoli, den Blutdruck innerhalb der normalen Grenzen zu halten. Außerdem enthält er viel Vitamin C und Betacarotin, stärkt somit unsere Immunität und schützt vor Grippe und Erkältungen. Der Brokkoli enthält große Mengen an Folsäure, was für die pränatale Entwicklung des Babys wichtig ist. Darüber hinaus ist Folsäure wichtig für die Regeneration von Zellen und spielt eine wichtige Rolle bei der Krebsvorbeugung. Brokkoli ist reich an Ballaststoffen, die der Verdauung helfen, Verstopfung vorbeugen und den Blutzuckerspiegel regulieren. Vitamin B6, Folsäure und Lutein verbessern die arterielle Gesundheit und beugen Herzkrankheiten und Schlaganfällen vor. Außerdem ist er ein ideales Lebensmittel für die Gewichtsabnahme. Es enthält sehr wenige Kalorien, aber es ist voll von Nährstoffen. Aufgrund des hohen Anteils an Ballaststoffen und Wasser verursacht Brokkoli schnell ein Sättigungsgefühl. Brokkoli ist reich an Proteinen, die essenziell für den Muskelaufbau und die Fettverbrennung sind.

Schwarzer Tee

Studien haben gezeigt, dass schwarzer Tee dank seines Reichtums an Antioxidantien die Entwicklung von Krebs reduziert und verlangsamt. Es wurde bewiesen, dass er das Risiko von Magen-, Lungen-, Eierstock- und Brustkrebs senkt. Außerdem hilft er bei Magenbeschwerden, wird bei Typ-2-Diabetes eingesetzt, verbessert den Urinfluss. Das Trinken von schwarzem Tee reduziert das Schlaganfallrisiko. Wissenschaftler haben mehr als 500 Menschen erforscht und bewiesen, dass Flavonoide im schwarzen Tee die Herstellung von schädlichem Cholesterin reduzieren und somit das Risiko von Schlaganfällen und Herzinfarkten erheblich reduzieren. Darüber hinaus hilft er beim Durchfall, verbessert die Blutgefäßaktivität, wird bei Kopfschmerzen verwendet, verbessert mentale Fähigkeiten, hilft bei Nierensteinen, behält Wachsamkeit, hilft bei der Gewichtsabnahme. Aufgrund des hohen Anteils an Antioxidantien verlangsamt der schwarze Tee die Alterung der Haut, indem er verhindert, dass Hautzellen sterben. Er hilft im Kampf gegen freie Radikale und reduziert Hormone, die Stress verursachen.

Quinoa

Quinoa hat einen hohen Proteingehalt und gilt als eine geeignete Quelle für alle essenziellen Aminosäuren. Der Anteil der Aminosäure Lysin, das sonst für Getreide ungewöhnlich ist, lässt das Gewebe wachsen und regenerieren. Omega-3- und Omega-6-Fettsäuren können Herz-Kreislauf-Erkrankungen vorbeugen. Für die antioxidativen Eigenschaften dieses Lebensmittels ist ein hoher Anteil an Vitamin E, zusammen mit Mineralien, Mangan und Kupfer verantwortlich. Magnesium und Riboflavin (Vitamin B2) hilft, Migräne zu bekämpfen. Sie enthält auch andere B-Vitamine und ist eine gute Quelle für Phosphor, Kalium und Zink. Extrem reich an Eisen, erfüllt Quinoa fast die Hälfte der empfohlenen Tagesdosis dieses Minerals. Dieses Getreide ist ideal für die Regulierung der Verdauung, da es viele unlösliche Ballaststoffe enthält, die die Darmentleerung fördern und gegen Darmkrankheiten schützen. Lösliche Ballaststoffe reduzieren das Risiko von Gallensteinen, senken Triglyceride und schützen vor Brust-, Magen-und Darmkrebs. Der regelmäßige Verzehr von Integralgetreide reduziert auch das Risiko für Typ-2-Diabetes. Quinoa hat einen niedrigen glykämischen Index und erhöht nicht den Blutzuckerspiegel, was sie besonders für Diabetiker geeignet macht. Sie enthält kein Gluten und verursacht keine allergischen Reaktionen. Aufgrund der proteinreichen Zusammensetzung der Quinoa sollte sie in der vegetarischen und veganen Ernährung unvermeidlich sein, da sie ein idealer gesunder Fleischersatz ist.

Apfel

Dank des hohen Anteils an Kohlenhydraten, insbesondere Fruktose und Glukose, versorgt der Apfel den Körper mit Energie und beugt Müdigkeit und Konzentrationsverlust vor. Aufgrund des hohen Gehalts an Vitamin C und Antioxidantien hat er eine starke immun stimulierende Wirkung. Deshalb ist der Apfel sehr wirksam gegen Viren, Bakterien und freie Radikale. Dies schützt vor Erkältungen und reduziert das Risiko von Darmkrebs. Apfel wirkt sich positiv auf das Herz-Kreislauf-System aus. Er verhindert die Ansammlung von schädlichen Substanzen im Blut, reduziert erhöhten Cholesterinspiegel und Verstopfung der Blutgefäße. Er schützt vor Thrombose und Atherosklerose. Durch den Reichtum an Pektin und Zellulose verbessert der Apfel die Verdauung und stabilisiert die Darmflora. Er enthält Fructose, die den Bedarf an Süßem reduziert und keine Veränderung des Blutzuckerspiegels verursacht. Der Apfel wirkt positiv auf Nieren, Leber und Galle. Die Wirkung auf die Harninkontinenz hilft bei Komplikationen während der Schwangerschaft. Dank Kalzium und Phosphor wirkt er günstig auf den Aufbau von Knochen und Zähnen. Apfel verhindert Karies und stärkt und schützt Zahnfleisch und Lippen. Durch langsames Kauen von Äpfeln werden die Zähne gereinigt und schädliche Bakterien im Mundraum zerstört. Darüber hinaus lindert Apfel Nervosität und Reizbarkeit und wird als Mittel zur Beruhigung und zum Schlafen verwendet.

Ernährungsplan

Was sind die zwei Phasen der Sirtfood-Diät?

Die Erfinder der Sirtuin-Diät haben folgenden Ernährungsplan, der aus zwei Phasen besteht, vorgeschlagen.

Erste Phase: In der ersten Phase, die insgesamt eine Woche dauert, ist es an den ersten drei Tagen notwendig, die Aufnahme von Kalorien täglich auf 1000 Kalorien zu begrenzen. Dazu zählen drei grüne frisch zubereitete Säfte oder Smoothies aus Lebensmitteln, die reich an Sirtuin sind (Kohl, Sellerie, Rucola, Petersilie, grüner Tee, Zitronen, Orangen, Äpfel usw.) und eine Mahlzeit am Tag, auch aus sirtuinreichen Lebensmitteln (z. B. Putensteak mit Wirsingkohl und Buchweizen, Hähnchen in Soße aus Kurkuma und Radicchio-Rucola-Salat). Die anderen vier Tage erhöht sich die Gesamtkalorienzufuhr auf 1500 und bedeutet zwei sirtuinreiche Mahlzeiten und zwei grüne natürliche Säfte oder Smoothies. Nach der ersten Woche kann man den Verlust von bis zu 3 kg erwarten. Die Säfte sollten den ganzen Tag über getrunken werden, am besten mindestens eine oder zwei Stunden vor und nach den Mahlzeiten. Außerdem wird geraten, nach 19 Uhr nichts mehr zu essen.

Während der ersten Phase der Sirtfood-Diät sollte man auch mit regelmäßigem Training fortfahren, wobei darauf geachtet werden muss, dass man sich mit körperlichen Aktivitäten nicht überfordern sollte. Diejenigen, die untergewichtig sind und trotzdem diese Diät machen möchten, sollen die erste Phase ganz überspringen.

Zweite Phase: In der zweiten Phase bewirkt die mindestens 14 Tage dauernde Wartungsphase einen regelmäßigen und dauerhaften Gewichtsverlust. Der Ernährungsplan für diese zwei Wochen besteht aus drei sirtuinreichen Mahlzeiten und einem grünen ebenfalls sirtuinreichen Smoothie.

Es ist wichtig, im Laufe der Zeit in die Ernährung möglichst viele Lebensmittel zu integrieren, die reich an Sirtuin sind, die außerdem die Gesundheit fördern und dem Körper viel Energie geben. Dies ist der Vorteil dieser Diät. Sie wird in normale Ernährung eingebaut und nach einer kurzen Zeit kann man die ersten positiven Auswirkungen auf die Gesundheit erkennen.

Wie bereitet man den Sirtfood Green Juice zu?

Der Sirtfood Green Juice spielt bei dieser Diät eine große Rolle. Man kann ihn leicht in nur wenigen Schritten zubereiten. Man kann ihn einen Tag im Voraus zubereiten und im Kühlschrank aufbewahren. Die letzte Zutat (Matcha-Pulver) wird jedoch erst vor dem Trinken eingerührt.

Zutaten:

zwei große Hände Grünkohl

eine große Handvoll Rucola

eine sehr kleine Hand glatter Petersilie

eine sehr kleine Hand Liebstöckelblätter

zwei bis drei Stangen Stangensellerie (mit Blättern)

½ grüner Apfel mittlerer Größe

Saft einer halben Zitrone

½ Teelöffel Matcha-Tee-Pulver

Zubereitung:

Zuerst das Gemüse (Grünkohl, Rucola, Petersilie und Liebstöckelblätter) mischen und in den Entsafter geben. Daraus kommen ca. 50 ml Saft. Die Selleriestangen und den Apfel entsaften und die halbe Zitrone mit der Hand auspressen. Eine andere Variante: Die Zitrone schälen und in den Entsafter geben. Insgesamt sollte es zu diesem Zeitpunkt ca. 250 ml Saft geben, vielleicht sogar mehr. Die Mischung in einem Glas servieren und das Matcha-Tee-Pulver dazugeben. Das Pulver kräftig mit einem Teelöffel rühren, bis es sich ganz aufgelöst hat. Das Pulver wird nur in den ersten zwei Säften während des Tages hinzugefügt, weil es eine gewisse Menge an Koffein enthält.

Wie macht man den grünen Tee richtig?

Der grüne Tee ist das A und O der Sirtfood-Diät, weil er viele positive Wirkungen auf die Gesundheit aufweist und keine Kalorien enthält. Deshalb wird empfohlen, drei bis vier Tassen grünen Tee pro Tag zu trinken. Bei der Zubereitung des grünen Tees spielt die genaue Wassertemperatur und die Ziehzeit eine wichtige Rolle. Des Weiteren wird Schritt für Schritt erklärt, wie der grüne Tee gekocht wird, ohne dass er dadurch seine Nährstoffe verliert:

- Den Teebeutel oder die Teeblätter in der Teekanne platzieren.
- Das Wasser kochen, aber nicht zu heiß werden lassen, damit die Nährstoffzusammensetzung im Tee nicht beeinträchtigt wird. Die ideale Temperatur für die Zubereitung des grünen Tees liegt zwischen 70 und 80 Grad.
- Das heiße Wasser in die Teekanne gießen und für nicht mehr als 3 Minuten ziehen lassen. Wer möchte, kann auch frische Kräuter einweichen, um dem Geschmack einen besonderen Touch zu verleihen.

- Dann die Blätter oder den Teebeutel herausnehmen und den Tee in eine Tasse gießen. Je nach Belieben kann an dieser Stelle für einen sauren oder süßlichen Geschmack Zitronensaft und/oder Honig hinzugefügt werden.

Warum ist Matcha-Grüntee gesünder als Kaffee?

In der letzten Zeit wird in Medien oft darüber berichtet, dass Kaffee Eigenschaften hat, die sich auf die Gesundheit negativ auswirken. Gleichzeitig gewinnt Matcha-Grüntee weltweit an Popularität, von Gesundheitsexperten bis hin zu Hollywoodstars: Matcha-Grüntee wird als befriedigender Ersatz für den Kaffee konsumiert. Er ist nicht nur geschmacklich angenehm, sondern auch wirkt beruhigend auf das Nervensystem. Obwohl beide Lieblingsgetränke zu Sirtfoods gezählt werden, wachst immer mehr die Aufmerksamkeit für die gesundheitlichen Vorteile des Matcha-Grüntees.

Matcha als Antioxidans

Matcha-Grüntee ist mit Antioxidantien geladen, die dafür verantwortlich sind, den oxidativen Stress zu bekämpfen. Dieser Tee ist eines der wenigen Lebensmittel, die eine besondere Art von Antioxidantien besitzen, nämlich Catechine. Einige Studien fanden heraus, dass grüner Tee die beste Catechine-Quelle ist; und im Vergleich zum gewöhnlichen grünen Tee zeigte sich Matcha-Grüntee viel vorteilhafter: Genauer gesagt war bei Matcha der Anteil an Catechinen 137-mal höher. Im Gegensatz zum Grüntee enthält Kaffee eine hohe Säurekonzentration, die den gesundheitlichen Zustand der Menschen, die an Sodbrennen leiden, verschlimmern kann.

Matcha senkt Krebsrisiko

Es wurde bewiesen, dass Matcha-Grüntee das Risiko für verschiedene Krebskrankheiten senkt. Eine Studie, die 69 710 chinesische Probandinnen umfasste, hat gezeigt, dass das Risiko für die Entstehung des

Darmkrebses um 57 % verringert wurde. Eine andere Studie kam zum Entschluss, dass fünf Tassen Grüntee pro Tag das Risiko für Prostatakrebs um 48 % gesenkt haben. Auf der anderen Seite enthält Kaffee das Karzinogen namens Acrylamid, das beim Kaffeerösten entsteht.

Matcha sorgt für innere Ruhe

Matcha enthält die Aminosäure L-Theanin, die für ein Gefühl der Ruhe sorgt. Die Forschung hat gezeigt, dass L-Theanin für Patienten mit Angstzuständen von Vorteil ist, da er das Dopamin- und GABA-Niveau im Gehirn erhöht. Im Gegensatz dazu beeinträchtigt Kaffee tatsächlich den GABA-Metabolismus, der entscheidend für die Regulierung des Gemüts- und Stressmanagements ist.

Matcha fördert Gewichtsverlust

Eine amerikanische Studie hat gezeigt, dass der Körperfettanteil der Probanden nach 12-wöchigem Konsum von Grüntee stark gesunken ist. Im kompletten Gegensatz zu Grüntee erhöht das Kaffeekoffein das Niveau des Stresshormons Cortisol, das der Entstehung von Bauchfett beiträgt.

Matcha stärkt die Immunfunktion

Der hohe Gehalt an Antioxidantien im Matcha-Grüntee stärkt das Immunsystem. Er hat eine antibakterielle, entzündungshemmende und entgiftende Wirkung. Das EGCG, ein Antioxidans mit einem Anteil von etwa einem Drittel der Trockenmasse des Grüntees, hilft dem Körper mehr T-Zellen zur Bekämpfung von Infektionen zu produzieren. Erhöhte Stresshormone dagegen, die durch die übermäßige Aufnahme von Kaffeekoffein verursacht werden, führen zu einer unterdrückten Immunfunktion.

Gemüse, Salate und Co

1 Kurkuma-Hähnchen-Grünkohl-Salat mit Honig-Limetten-Dressing

Zubereitungszeit: 30 Minuten | Portionen: 2

Zutaten:

Für das Hähnchen:

1 TL Ghee oder 1 EL Kokosöl

½ mittelgroße braune Zwiebel, gewürfelt

250 - 300 g Hähnchenhackfleisch oder Hähnchenschenkel

1 große Knoblauchzehe, fein gewürfelt

1 TL Kurkumapulver

1 TL Limettenschale

Saft von ½ Limette

½ TL Salz und Pfeffer

Für den Salat:

6 Broccolinistängel oder 2 Tassen Broccoliniröschen

2 EL Kürbiskerne

3 große Kohlblätter, Stiele entfernt und gehackt

½ Avocado, in Scheiben geschnitten

Handvoll frische Korianderblätter, gehackt

Handvoll frische Petersilie, gehackt

Für das Dressing:

3 EL Limettensaft

1 kleine Knoblauchzehe, fein gewürfelt oder gerieben

3 EL Olivenöl

1 TL roher Honig

½ TL Vollkorn- oder Dijonsenf

½ TL Meersalz und Pfeffer

Zubereitung:

Das Ghee oder Kokosöl in einer kleinen Pfanne bei mittlerer Hitze erhitzen. Die Zwiebel hinzugeben und bei mittlerer Hitze 4 - 5 Minuten goldbraun anbraten.

Hähnchenhackfleisch und Knoblauch hinzufügen und für 2 - 3 Minuten bei mittlerer Hitze rühren.

Kurkuma, Limettenschale, Limettensaft, Salz und Pfeffer hinzufügen und unter häufigem Rühren weitere 3 - 4 Minuten garen. Das gekochte Hackfleisch zur Seite stellen.

Wasser in einem Topf aufkochen. Broccolinistängel hinzufügen und für 2 Minuten kochen. Unter kaltem Wasser abspülen und in 3 - 4 Stücke schneiden.

Die Kürbiskerne in die Bratpfanne, wo das Hähnchen gebraten wurde, geben und 2 Minuten lang bei mittlerer Hitze rösten. Dabei häufig umrühren, damit sie nicht anbrennen. Mit etwas Salz würzen und beiseitelegen. Rohe Kürbiskerne kann man auch verwenden.

Den gehackten Grünkohl in eine Salatschüssel geben und das Dressing darüber verteilen. Mit den Händen die Mischung weichmachen.

Zum Schluss das gekochte Hähnchen, die Broccolini, die frischen Kräuter, die Kürbiskerne und die Avocadostreifen darüber verteilen.

Tipps:

- In Falle, dass man sich im Voraus vorbereiten will, soll man das Dressing 10 Minuten vor dem Servieren zum Salat geben.
- Hähnchen können durch gehacktes Rindfleisch, gehackte Garnelen oder Fisch ersetzt werden.
- Vegetarier könnten gehackte Pilze oder gekochte Quinoa verwenden.

2 Gebackener Lachssalat mit cremiger Minzsoße

Zubereitungszeit: 20 Minuten | Portionen: 1

Zutaten:

Für den Salat:

1 Lachsfilet (ca. 130 g)

40 g gemischte Salatblätter

40 g junge Spinatblätter

2 Radieschen, getrimmt und dünn geschnitten

50 g Gurke, in Stücke geschnitten

2 Frühlingszwiebeln, getrimmt und in Scheiben geschnitten

1 kleine Handvoll Petersilie, grob gehackt

Für die Soße:

1 TL fettarme Mayonnaise

1 EL Naturjoghurt

1 EL Reisessig

2 Minzblätter, fein gehackt

Salz und frisch gemahlener schwarzer Pfeffer

Zubereitung:

Den Ofen auf 200 Grad vorheizen.

Das Lachsfilet auf ein Backblech legen und für 16 - 18 Minuten backen. Aus dem Ofen nehmen und beiseitestellen. Der Lachs im Salat darf sowohl warm als auch kalt serviert werden. Falls vorhanden, die Haut vom Lachs nach dem Kochen entfernen. Mayonnaise, Joghurt, Reisweinessig, Minzblätter, Salz und Pfeffer in einer kleinen Schüssel zusammenmischen und mindestens 5 Minuten ruhen lassen. Salatblätter und Spinat auf einem Teller verteilen und mit Gurken, Radieschen, Zwiebeln und Petersilie belegen. Den gekochten Lachs auf den Salat geben und das Dressing darüber träufeln.

3 Krönungshühnchen-Salat

Zubereitungszeit: 5 Minuten | Portionen: 2

Zutaten:

75 g Naturjoghurt

Saft von ¼ einer Zitrone

1 TL Koriander, gehackt

1 TL Kurkuma

½ TL mildes Currypulver

100 g gekochte Hähnchenbrust, in kleine Stücke geschnitten

6 Walnusshälften, fein gehackt

1 Medjoul-Dattel, fein gehackt

20 g rote Zwiebeln, gewürfelt

1 Thai-Chili

40 g Rucola

Zubereitung:

Joghurt, Zitronensaft, Koriander und Gewürze in einer Schüssel vermischen. Alle übrigen Zutaten hinzufügen. Rucola in eine andere Schüssel schön anrichten und die zubereitete Mischung darüber geben.

4 Buchweizennudeln-Salat

Zutaten:

50 g Buchweizennudeln

große Handvoll Rucola

kleine Handvoll Basilikumblätter

8 Kirschtomaten, halbiert

½ Avocado, gewürfelt

10 Oliven

1 EL natives Olivenöl extra

20 g Pinienkerne

Zubereitung:

Buchweizennudeln nach den Anweisungen in der Packungsbeilage kochen. Alle Zutaten mit Ausnahme der Pinienkerne vorsichtig vermischen. Die Mischung auf einem Teller oder in einer Schüssel servieren. Die Pinienkerne darüber streuen.

5 Griechischer Salat am Spieß

Zubereitungszeit: 10 Minuten | Portionen: 2

Zutaten:

Für den Salat:

2 Holzspieße

8 große schwarze Oliven

8 Kirschtomaten

1 gelber Paprika

½ rote Zwiebel

100 g Gurke

100 g Feta

Für die Soße:

1 EL natives Olivenöl extra

Saft von ½ Zitrone

1 TL Balsamicoessig

½ Knoblauchzehe

ein paar Blätter Basilikum

ein paar Blätter Oregano

Salz

frisch gemahlener schwarzer Pfeffer

Zubereitung:

Holzspieße vor Gebrauch für 30 Minuten in Wasser einweichen. Die Paprika in 8 Quadrate schneiden. Die rote Zwiebel halbieren und in jeweils vier Schichten teilen. Die ca. 30 cm lange Gurke in 4 Scheiben schneiden und halbieren. Fetakäse in 8 Würfel schneiden. An jeden Spieß die Zutaten in folgender Reihenfolge stecken: Olive, Tomate, gelber Paprika, rote Zwiebel, Gurke, Feta, Tomate, Olive, gelber Paprika, rote Zwiebel, Gurke, Feta. Für die Soße Olivenöl, Zitrone und Balsamicoessig vermischen. Die Knoblauchzehe schälen und zerkleinern und ein paar Blätter Basilikum und Oregano fein hacken. Der Mischung dazugeben. Mit Salz und Pfeffer würzen.

6 Sesam-Hähnchen-Salat

Zubereitungszeit: 12 Minuten | Portionen: 2

Zutaten:

Für den Salat:

150 g gekochtes Huhn, gehackt

1 EL Sesamsamen

1 Gurke, geschält, in der Länge halbiert, mit einem Teelöffel entkernt und in Scheiben geschnitten

100 g Grünkohl, grob gehackt

60 g Pak Choi, fein gehackt

½ rote Zwiebel, fein geschnitten

große Handvoll Petersilie, gehackt

Für die Soße:

1 EL natives Olivenöl extra

1 TL Sesamöl

Saft von 1 Limette

1 TL Honig

2 TL Sojasoße

Zubereitung:

Die Sesamsamen in einer trockenen Pfanne für 2 Minuten braten. Zum Abkühlen beiseitelegen. Für die Soße in einer kleinen Schüssel das Olivenöl, Sesamöl, Limettensaft, Honig und Sojasoße vermischen. Gurke, Grünkohl, Pak Choi, rote Zwiebel und Petersilie in eine große Schüssel geben und vorsichtig vermischen. Die Mischung mit der Soße übergießen und erneut mischen. Den Salat auf zwei Tellern verteilen und Hähnchenstückchen darüber geben. Vor dem Servieren mit Sesamsamen bestreuen.

7 Lachs-Sirt-Supersalat

Zubereitungszeit: 20 Minuten |Portionen: 1

Zutaten:

50 g Rucola

50 g Chicoréeblätter

100 g Räucherlachsscheiben

80 g Avocado, geschält, entkernt und in Scheiben geschnitten

40 g Sellerie, in Scheiben geschnitten

20 g rote Zwiebel, in Scheiben geschnitten

15 g Walnüsse, gehackt

1 EL Kapern

1 große Medjoul-Dattel, entkernt und in Stücke geschnitten

1 EL natives Olivenöl extra

Saft aus ¼ Zitrone

10 g Petersilie, gehackt

10 g Liebstöckel oder Sellerieblätter, gehackt

Zubereitung:

Die Salatblätter (Chicorée und Rucola) auf einem großen Teller schön anrichten. Alle übrigen Zutaten zusammenmischen und auf die Blätter verteilen.

Tipp:

- Anstelle von Lachs können Sie auch Hähnchenbrust oder Thunfisch verwenden werden.
- Für Veganer eignet sich die Variante mit 100 g Linsen anstatt Fleisch und Fisch.

8 Grünsaft-Salat

Zubereitungszeit: 10 Minuten | Portionen: 1

Zutaten:

Saft von ½ Zitrone

1 cm Ingwer, gerieben

Salz und Pfeffer

1 EL Olivenöl

2 Handvoll Grünkohl, in Scheiben geschnitten

1 Handvoll Rucola

1 EL Petersilie

2 Stangensellerie, in Scheiben geschnitten

½ grüner Apfel, in Scheiben geschnitten

6 Walnusshälften

Zubereitung:

Zitronensaft, Ingwer, Salz, Pfeffer und Olivenöl in ein Glas geben und vermischen. Den Grünkohl in Scheiben schneiden und in eine große Schüssel geben. Das Dressing über den Salat gießen und mit den Händen den Salat weichmachen. Rucola, Petersilie, Sellerie, Apfel und Walnüsse hinzufügen und gründlich vermischen.

9 Waldorf-Salat

Zubereitungszeit: 20 Minuten| Portionen: 2

Zutaten:

200 g Sellerie

100 g Apfel

50 g Walnüsse

1 kleine rote Zwiebel

1 Stück Chicorée

10 g flache Petersilie

10 g Liebstöckel (alternativ Sellerieblätter)

1 EL Kapern

Für das Dressing:

1 EL natives Olivenöl extra

1 TL Balsamicoessig

1 TL Dijonsenf

Saft von ½ Zitrone

Zubereitung:

Zuerst Sellerie, Apfel, Walnüsse, Zwiebel, und Liebstöckel in grobe Stücke hacken, Chicorée in feine Streifen schneiden, Petersilie klein hacken und bei Kapern die Stiele entfernen. Alle Zutaten in eine größere Schüssel geben. In einer anderen Schüssel das Dressing zubereiten. Öl, Essig und Senf vermischen, eine halbe Zitrone in die Mischung auspressen und wieder umrühren. Das Dressing über den Salat gießen und kräftig vermischen.

10 Mediterraner Linsensalat

Zubereitung: 10 - 15 Minuten | Portionen: 1

Zutaten:

1 Tasse grüne Linsen (Le Puy)

½ Tasse rote Zwiebel, dünn geschnitten

1 Tasse Petersilienblätter

½ Tasse Basilikum

8 -10 sonnengetrocknete Tomaten, halbiert oder in Scheiben geschnitten

2 TL Kapern

¼ Tasse geröstete Pinienkerne

1/3 Tasse extra natives Olivenöl

3 TL frischer Zitronensaft

frische Parmesanspäne (optional)

1 Prise Salz und Pfeffer

Zubereitung:

Die Linsen in einem Topf mit viel Wasser für etwa 30 Minuten kochen, bis sie weich werden. Dann das Wasser ausschütten und die Linsen in eine große Schüssel übertragen. Rote Zwiebel, Petersilie, Basilikum, Tomaten, Kapern und Pinienkerne hinzufügen. In einer anderen Schüssel Öl, Zitronensaft sowie eine Prise Salz und Pfeffer vermischen und über die Gemüsemischung träufeln. Nochmals gut vermischen, bis das Dressing überall gut verteilt ist. Nach Bedarf kann man den Salat mit noch ein wenig Salz, Pfeffer und/oder Zitronensaft würzen. Vor dem Servieren mit Parmesan bestreuen.

11 Rührei mit Pilzen

Zubereitungszeit: 10-15 Minuten | Portionen: 1

Zutaten:

2 Eier

1 TL gemahlene Kurkuma

1 TL mildes Currypulver

20 g Grünkohl, grob gehackt

1 TL jungfräuliches Olivenöl extra

½ Vogelaugenchili, dünn geschnitten

1 Handvoll Egerlinge, in Scheiben dünn geschnitten

5 g Petersilie, fein gehackt

ein paar Tropfen Sriracha-Soße (optional)

Samenmischung (optional)

Zubereitung:

Die Kurkuma und das Currypulver in einer kleinen Schüssel vermischen und ein wenig Wasser hinzufügen, bis eine gleichmäßige pasteähnliche Masse entsteht. Den Grünkohl in einem kleinen Topf für 2 - 3 Minuten dünsten. In eine Pfanne das Olivenöl geben und bei mittlerer Hitze erhitzen. Chili und Egerlinge 2 - 3 Minuten in der Pfanne braten, bis sie weich und braun werden. Die Eier und Gewürzpaste hinzufügen und bei mittlerer Hitze kochen. Dann den Grünkohl dazugeben und eine weitere Minute bei einer mittleren Hitze kochen. Zum Schluss mit Petersilie bestreuen und gut vermischen.

12 Grünkohl, Edamame und Tofu mit Curry

Zubereitungszeit: 45 Minuten | Portionen: 4 | Kalorien: 342

Zutaten:

1 EL Rapsöl

1 große Zwiebel

4 Knoblauchzehen

7 cm frischer Ingwer

1 roter Chili

½ TL gemahlene Kurkuma

¼ TL Cayennepfeffer

1 TL Paprikapulver

½ TL gemahlener Kreuzkümmel

1 TL Salz

250 g getrocknete rote Linsen

1 l Wasser

50 g gefrorene Sojabohnen

200 g fester Tofu

2 Tomaten

Saft von 1 Limette

200 g Grünkohlblätter, Stiele entfernt und zerrissen

Zubereitung:

Zuerst das Rapsöl in einer Pfanne bei mittlerer Hitze erhitzen. Dann eine große Zwiebel hacken, in die Pfanne hineingeben und für 5 Minuten braten. Knoblauch und Ingwer schälen und reiben und in die Pfanne mit der Zwiebel hinzufügen. Chili entkernen und in dünne Scheiben schneiden und in die Pfanne geben. Die Mischung für weitere 2 Minuten braten. Mit Kurkuma, Cayennepfeffer, Paprika, Kreuzkümmel und Salz würzen und umrühren. Die roten Linsen dazugeben und nochmals umrühren.

Das kochende Wasser in die Pfanne gießen und für 10 Minuten köcheln lassen. Bei niedriger Hitze weitere 20 - 30 Minuten kochen. Dann die Sojabohnen, in Würfel geschnittenen Tofu und grob gehackte Tomaten hinzufügen und weitere 5 Minuten kochen. Danach den Saft aus der Limette in die Pfanne auspressen. Zum Schluss die Grünkohlblätter zugeben und kochen, bis die Blätter weich sind. In einem tiefen Teller servieren.

13 Gebackene Kartoffeln mit würzigem Kichererbseneintopf

Zubereitungszeit: 1 Stunde 10 Minuten | Portionen: 4 - 6

Zutaten:

4 - 6 Kartoffeln

2 EL Olivenöl

2 rote Zwiebeln

4 Knoblauchzehen

2 cm Stück Ingwer

½-2 TL Chiliflocken

2 EL Kümmel

2 EL Kurkuma

ein wenig Wasser

2 x 400 g gehackte Tomaten aus der Dose

2 EL ungesüßtes Kakaopulver (oder Kakao)

2 x 400 g Kichererbsen aus der Dose (alternativ: Kidneybohnen)

2 gelbe Paprika (alternativ: Rote oder Grüne)

2 EL Petersilie

Salz und Pfeffer (optional)

Beilagensalat (optional)

Zubereitung:

Den Ofen auf 200 Grad erhitzen. In der Zwischenzeit andere Zutaten vorbereiten: Die Zwiebeln fein hacken, Knoblauchzehen reiben oder zerdrücken, Ingwer reiben und Paprika in kleine Stücke hacken.

Die Kartoffeln gründlich unter kaltem Wasser waschen, aber nicht schälen. Dann mit einer Gabel überall einstechen, damit die Hitze gleichmäßig von allen Seiten auch in das Innere der Kartoffeln eindringen kann. Danach in den vorgeheizten Ofen geben und für ungefähr 1 Stunde (je nachdem, wie groß die Kartoffeln sind), backen.

Jetzt zur Zubereitung des Eintopfs: Das Olivenöl in einen großen Topf geben und erhitzen. Die gehackten roten Zwiebeln in den Topf geben, den Deckel drauflegen und für 5 Minuten dünsten lassen, bis die Zwiebeln weich, aber nicht goldbraun sind.

Dann den Deckel entfernen und Knoblauch, Ingwer, Kreuzkümmel und Chili zugeben. Für eine weitere Minute auf niedriger Hitze kochen. Danach die Kurkuma und ein wenig Wasser hinzufügen, damit die Mischung nicht zu trocken wird, und für eine weitere Minute kochen. Dann die Tomaten aus der Dose, Kakaopulver oder Kakao, Kichererbsen und das Kichererbsenwasser und den Pfeffer dazugeben, zum Kochen bringen und für 45 Minuten bei schwacher Hitze köcheln lassen, bis die Soße dickflüssig ist. Der Eintopf sollte ungefähr zur gleichen Zeit fertig sein, wie die Kartoffeln.

Zum Schluss 2 EL Petersilie und etwas Salz und Pfeffer über den Eintopf streuen und einrühren. Die gebackenen Kartoffeln der Länge nach halbieren und den Eintopf zwischen den zwei Hälften übergießen.

Tipps:

- Falls gewünscht, kann die Speise mit einem einfachen Beilagensalat serviert werden.
- Diese Speise ist auch für diejenigen geeignet, die Sirtfood-Diät mit einer anderen Diät kombinieren, weil sie vegetarisch, vegan, glutenfrei und milchfrei ist.

14 Shakshuka

Zubereitungszeit: 40 Minuten | Portionen: 1

Zutaten:

1 TL jungfräuliches Olivenöl extra

40 g rote Zwiebel

1 Knoblauchzehe

30 g Sellerie

1 Vogelaugenchili

1 TL gemahlener Kreuzkümmel

1 TL Kurkuma

1 TL Paprika

400 g gehackte Tomaten aus der Dose

30 g Grünkohl

1 EL gehackte Petersilie

2 mittelgroße Eier

Zubereitung:

Olivenöl in einer kleinen, tieferen Bratpfanne bei mittlerer Hitze erhitzen. Zwiebel, Knoblauch, Sellerie und Chili fein hacken und in die Pfanne geben. Mit je einem TL Kreuzkümmel, Kurkuma und Paprika würzen, dann umrühren und für 1 - 2 Minuten braten.

Die Tomaten aus der Dose hinzufügen und die Soße für 20 Minuten unter gelegentlichem Rühren köcheln lassen. Beim Grünkohl Stiele entfernen und grob hacken, bevor sie in die Pfanne hinzugefügt werden. Für weitere 5 Minuten köcheln lassen. Falls die Soße zu dickflüssig wird, ein wenig Wasser dazugeben und unter Rühren verdünnen. Danach mit Petersilie bestreuen und unterrühren.

Wenn die Soße fertig ist, mit einem Löffel zwei kleine Vertiefungen in der Soße machen und in jede Vertiefung ein Ei knacken. Die Hitze auf die niedrigste Stufe einstellen und die Pfanne mit einem Deckel oder Folie abdecken. Die Eier in der Soße für 10 - 12 Minuten kochen lassen. Das Gericht ist fertig, wenn das Eiweiß fest und weiß ist, während das Eigelb immer noch flüssig ist. Falls gewünscht, das Gericht für weitere 3 - 4 Minuten kochen, damit auch das Eigelb hart wird. Warm servieren, am besten direkt aus der Pfanne.

15 Geschmorte Puylinsen

Zubereitungszeit: 40 - 50 Minuten | Portionen: 1

Zutaten:

8 Kirschtomaten

2 TL natives Olivenöl extra

40 g rote Zwiebel

1 Knoblauchzehe

40 g Sellerie

40 g Karotten

1 TL Paprika

1 TL trockener oder frischer Thymian

75 g Puylinsen

220 ml Gemüsebrühe

50 g Grünkohl, grob gehackt

1 EL Petersilie, gehackt

20 g Rucola

Zubereitung:

Den Ofen auf 120 Grad vorheizen.

Die Tomaten halbieren, in eine kleine Bratform geben und für 35 - 40 Minuten im Ofen rösten. In der Zwischenzeit rote Zwiebel und Sellerie in dünne Streifen schneiden, die Knoblauchzehe fein hacken und die Karotten schälen und in dünne Scheiben schneiden. Dann den Kochtopf bei niedriger bis mittlerer Hitze erhitzen und 1 TL Olivenöl hineingeben. Die vorbereiteten Zutaten in den Topf geben und 1 - 2 Minuten braten, bis sie weich werden. Paprika und Thymian unterrühren und eine weitere Minute kochen.

Die Linsen in einem feinmaschigen Sieb spülen und zusammen mit der Brühe in eine Pfanne geben. Zum Kochen bringen, dann die Hitze auf eine niedrigere Stufe einstellen und den Deckel über die Pfanne legen. Für 20 Minuten unter gelegentlichem Rühren sanft köcheln lassen. Ein wenig Wasser hinzufügen, falls beim Kochen zu viel Wasser verdunstet.

Den Grünkohl fein hacken, hinzufügen und weitere 10 Minuten kochen. Wenn die Linsen gekocht sind, die Petersilie und die gerösteten Tomaten unterrühren. Auf einem flachen Teller mit Rucola als Beilage servieren, der davor mit 1 TL Olivenöl beträufelt wird.

16 Marokkanische gewürzte Eier

Zubereitungszeit: 50 Minuten | Portionen: 2 | Kalorien: 394

Zutaten:

1 TL Olivenöl

1 Schalotte, geschält und fein gehackt

1 roter Paprika, entkernt und fein gehackt

1 Knoblauchzehe, geschält und fein gehackt

1 Zucchini, geschält und fein gehackt

1 EL Tomatenmark

½ TL mildes Chilipulver

¼ TL gemahlener Zimt

¼ TL gemahlener Kreuzkümmel

½ TL Salz

400 g gehackte Dosentomaten

400 g Dose Kichererbsen in Wasser

10 g Petersilie, gehackt

4 mittelgroße Eier

Zubereitung:

Das Olivenöl in einem Topf bei niedriger Hitze erhitzen, die rote Paprika zugeben und für 5 Minuten anbraten. Dann den Knoblauch und die Zucchini hinzufügen und für weitere 1 - 2 Minuten braten. Danach Tomatenmark, Salz, Chilipulver, Zimt und Kreuzkümmel dazugeben und umrühren. Tomaten und Kichererbsen aus der Dose hinzufügen und die Hitze auf mittlere Stufe einstellen. Den Deckel auf den Topf legen und 30 Minuten köcheln lassen. Die Soße ist fertig, wenn das Volumen um etwa ein Drittel reduziert ist. Den Topf vom Herd nehmen und die Petersilie einrühren.

Dann den Ofen auf 200 Grad vorheizen. Die Tomatensoße zum Kochen bringen und sie danach in eine kleine ofenfeste Schüssel übertragen. Die Eier knacken und vorsichtig in die Soße legen. Mit Alufolie abdecken und für 10 - 15 Minuten im Ofen backen. Das Gericht warm, am besten direkt aus der Schüssel, in der es gebacken wurde, in zwei Schalen servieren.

17 Kichererbsen, Quinoa und Kurkuma

Zubereitungszeit: | Portionen: 6

Zutaten:

500 g Kartoffeln, halbiert

3 Knoblauchzehen, in Stücke geschnitten

3 TL gemahlene Kurkuma

1 TL gemahlener Koriander

1 TL Chiliflocken oder Pulver

1 TL gemahlener Ingwer

400 g Dose Kokosmilch

1 EL Tomatenmark

400 g gehackte Tomaten aus der Dose

Salz und Pfeffer

180 g Quinoa

400 g Dose Kichererbsen, abgetropft und gespült

150 g Spinat

Zubereitung:

Die Kartoffeln in eine Pfanne mit kaltem Wasser legen und für ca. 25 Minuten bei hoher Hitze kochen. Die Kartoffeln sind durchgekocht, wenn man sie mit der Gabel ansticht, die leicht durch die Kartoffeln durchgeht. Die Kartoffeln in einer großen Pfanne verteilen und den Knoblauch, Kurkuma, Koriander, Chili, Ingwer, Kokosmilch, Tomatenmark und Tomaten hinzufügen. Die Mischung zum Kochen bringen, mit Salz und Pfeffer bestreuen und dann die Quinoa mit einer Tasse gekochtem Wasser hinzufügen. Die Hitze auf die mittlere Stufe einstellen, den Deckel auf die Pfanne legen und für ca. 30 Minuten unter regelmäßigem Rühren kochen lassen. Nach ca. 15 Minuten Kochzeit die Kichererbsen hineingeben. Etwa 5 Minuten, bevor die Kochzeit abgelaufen ist, den Spinat hinzufügen und gut einrühren. Das Gericht ist fertig, wenn die Quinoa weich ist.

Tipps:

- Damit es ein wenig schärfer wird, kann zusammen mit anderen Gewürzen auch eine geschnittene rote Chilischote hinzugefügt werden.

18 Sirtfood-Pizza

Zubereitungszeit: | Portionen: 2

Zutaten:

Für die Pizzabasis:

7 g Trockenhefe

1 TL brauner Zucker

300 ml lauwarmes Wasser

200 g Buchweizenmehl

200 g starkes Weißmehl oder Nudelmehl

1 EL jungfräuliches Olivenöl

Für die Tomatensoße:

½ rote Zwiebel, fein gehackt

1 Knoblauchzehe, fein gehackt

1 TL jungfräuliches Olivenöl

1 TL getrockneter Oregano

2 EL Weißwein

400 g gehackte Tomaten aus der Dose

1 Prise brauner Zucker

5 g Basilikumblätter

Toppings:

Variante 1: Rucola, rote Zwiebeln und gegrillte Auberginen

Variante 2: Chili Flocken, Kirschtomaten, Ziegenkäse und Rucola

Variante 3: gekochtes Huhn, Rucola, rote Zwiebeln und Oliven

Variante 4: gekochte Chorizo, rote Zwiebeln und gedämpfter Grünkohl

Zubereitung:

Hefe und Zucker im Wasser auflösen. Mit Frischhaltefolie abdecken und 10 - 15 Minuten gehen lassen. Das Mehl in eine Schüssel sieben. Die Hefemischung und das Öl hinzufügen und zu einem Teig vermischen. Den Teig so lange kneten, bis er glatt und elastisch ist. Dann in eine geölte Schüssel geben, mit einem sauberen, feuchten Geschirrtuch abdecken und für 45 - 60 Minuten bei Raumtemperatur gehen lassen.

In der Zwischenzeit die Tomatensoße zubereiten. Die Zwiebel und den Knoblauch in eine Pfanne mit Olivenöl anbraten, bis sie weich sind. Dann den getrockneten Oregano und den Wein dazugeben. Weiter braten, bis sich der Wein um die Hälfte reduziert hat. Danach Tomaten und Zucker hinzufügen und für 30 Minuten kochen lassen, bis eine dicke Soße entsteht. Von der Hitze nehmen.

Den Teig erneut kneten, um die Luft zu entfernen. Den Ofen auf 230 Grad erhitzen. Die Arbeitsfläche mit Mehl bestäuben, den Teig halbieren, jedes Stück ausrollen und auf ein mit Backpapier ausgelegtes Blech legen. Den Teig mit Tomatensoße gleichmäßig bestreichen und den Rest der Zutaten darauf verteilen. Vor dem Backen für 15 - 20 Minuten ruhen lassen und dann in den Ofen für 10 - 12 Minuten geben.

19 Toskanischer Bohneneintopf

Zubereitungszeit: 50 Minuten | Portionen: 1

Zutaten:

1 EL natives Olivenöl extra

50 g rote Zwiebel

30 g Karotten

30 g Sellerie

1 Knoblauchzehe

½ Vogelaugenchili (optional)

1 TL Kräuter der Provence

200 ml Gemüsebrühe

400 g gehackte Tomaten aus der Dose

1 TL Tomatenmark

200 g Bohnen aus der Dose

50 g Grünkohl

1 EL Petersilie

40 g Buchweizen

Zubereitung:

Zuerst die rote Zwiebel, geschälte Karotte, Sellerie, Knoblauch und Chili fein hacken. Dann das Öl in einen mittelgroßen Topf bei niedriger bis mittlerer Hitze erhitzen. Danach die vorher vorbereiteten Zutaten und die Kräuter zufügen und braten, bis sie weich werden. Die Brühe, Tomaten und Tomatenmark hinzufügen und zum Kochen bringen. Danach die Bohnen beigeben und für 30 Minuten köcheln lassen. Dann den grob gehackten Grünkohl dazugeben und für weitere 5 - 10 Minuten kochen. Zum Schluss die gehackte Petersilie hinzufügen.

In der Zwischenzeit den Buchweizen entsprechend der Packungsanleitung kochen und mit dem Eintopf servieren.

20 Taboulé mit Buchweizen

Zubereitungszeit: ca. 20 Minuten | Portionen: 1

Zutaten:

50 g Buchweizen

1 EL gemahlener Kurkuma

80 g Avocado, fein gehackt

65 g Tomate, fein gehackt

20 g rote Zwiebeln, fein gehackt

25 g Medjoul-Datteln, entkernt

1 EL Kapern, fein gehackt

30 g Petersilie, fein gehackt

100 g Erdbeeren, in Scheiben geschnitten

1 EL natives Olivenöl extra

Saft von ½ Zitrone

30 g Rucola

Zubereitung:

Zuerst den Buchweizen mit der Kurkuma nach Packungsanleitung kochen. Dann abtropfen und abkühlen lassen.

In der Zwischenzeit Avocado, Tomate, rote Zwiebel, Datteln, Kapern und Petersilie vorbereiten und mit dem abgekühlten Buchweizen vermischen. Dann die Erdbeeren mit Öl und Zitronensaft in den Salat geben. Rucola auf einem flachen Teller verteilen und darüber die Mischung geben.

21 Herzhafte Kurkumapfannkuchen mit Zitronen-Joghurt-Sauce

Zubereitungszeit: 20 Minuten | Portionen: 8 Pfannkuchen

Zutaten:

Für die Joghurtsoße:

1 Tasse griechischer Joghurt

1 Knoblauchzehe

1 bis 2 EL Zitronensaft

¼ TL gemahlener Kurkuma

10 frische Minzblätter, gehackt

2 TL Zitronenschale

Für die Pfannkuchen:

2 TL gemahlene Kurkuma

1½ TL gemahlener Kreuzkümmel

1 TL Salz

1 TL gemahlener Koriander

½ TL Knoblauchpulver

½ TL frisch gemahlener schwarzer Pfeffer

1 Brokkoli, in Röschen geschnitten

3 große Eier, leicht geschlagen

2 EL ungesüßte Mandelmilch

1 Tasse Mandelmehl

4 TL Kokosöl

Zubereitung:

In eine Schüssel Joghurt, gehackte Knoblauchzehe, Zitronensaft, Kurkuma, Minze und geriebene Zitronenschale geben und vermischen. In den Kühlschrank stellen. In eine andere Schüssel Kurkuma, Kreuzkümmel Salz, Koriander, Knoblauch und Pfeffer vermischen.

Den Brokkoli in eine Küchenmaschine geben und pulsieren, bis er in ganz kleine Stücke zerfällt. In eine große Schüssel mit Eiern, Mandelmilch und Mandelmehl geben. Dann die Gewürzmischung einrühren und gut vermischen.

Kokosöl in eine Pfanne geben und bei mittlerer Hitze erhitzen. Den Teig in die Pfanne gießen, ungefähr ein Viertel einer Tasse genügt für einen Pfannkuchen. Wenn die Unterseite goldbraun wird und sich an der Oberfläche kleine Blasen bilden, soll der Pfannkuchen umgedreht und für weitere 2 - 3 Minuten gebraten werden. Die Pfannkuchen mit der Joghurtsoße servieren.

Sirtfood, Fisch und Fleisch

1 Gegrilltes Rindfleisch mit Rotweinsoße, Zwiebelringen, Knoblauch, Grünkohl und gerösteten Kartoffeln

Zubereitungszeit: 60 Minuten| Portionen: 1

Zutaten:

100 g Kartoffeln, geschält und in 2 cm Würfel geschnitten

1 EL natives Olivenöl extra

5 g Petersilie

50 g rote Zwiebel

50 g Grünkohl

1 Knoblauchzehe

120 - 150 g Rinderfiletsteak

Für die Soße:

40 ml Rotwein

150 ml Rinderbrühe

1 TL Tomatenmark

1 TL Maisstärke, aufgelöst in 1 EL Wasser

Zubereitung:

Den Ofen auf 220 Grad erhitzen.

Die Kartoffeln in einen Topf mit kochendem Wasser geben und 4 - 5 Minuten kochen, dann das Wasser abgießen. Die Kartoffeln in eine Bratpfanne mit 1 TL Öl geben und im heißen Ofen ca. 40 Minuten rösten. Die Kartoffeln alle 10 Minuten umdrehen, damit sie von allen Seiten gleichmäßig gebraten werden. Dann aus dem Ofen nehmen, mit fein gehackter Petersilie bestreuen und gut vermischen.

Zwiebeln in Ringe schneiden. In eine Pfanne 1 TL Öl hineingeben und die Zwiebeln bei mittlerer Hitze für 5 - 7 Minuten braten, bis sie weich werden. Den Grünkohl in Scheiben schneiden, für 2 - 3 Minuten kochen und abtropfen lassen. Den Knoblauch fein hacken, in ½ TL Öl 1 Minute sanft anbraten, bis er weich ist. Den Grünkohl hinzugeben und weitere 1 - 2 Minuten braten.

Eine ofenfeste Pfanne bei starker Hitze erhitzen. Das Fleisch in die Pfanne mit ½ TL Öl hineingeben und anbraten. Dann bei mittlerer Hitze braten oder in den auf 220 Grad eingestellten Ofen geben. Wenn das Fleisch fertig ist, aus der Pfanne nehmen und ruhen lassen. Den Wein in die heiße Pfanne hineingeben und mit den Fleischresten vermischen. Den Wein so lange kochen, bis eine sirupartige Soße entsteht.

Die Rinderbrühe und das Tomatenmark dem Weinsirup hinzufügen, dann aufkochen, das Maismehl oder Maisstärke dazugeben und gut verrühren, damit die Soße eine cremige Konsistenz bekommt.

Das Steak mit gerösteten Kartoffeln, Zwiebelringen, Grünkohl und Rotweinsoße servieren.

2 Aromatische Hühnerbrust mit Grünkohl, roten Zwiebeln und Salsa

Zubereitungszeit: 35 Minuten | Portionen: 1

Zutaten:

120 g Hühnerbrust

2 TL gemahlene Kurkuma

Saft aus ¼ Zitrone

1 EL natives Olivenöl extra

50 g Grünkohl

20 g rote Zwiebeln

1 TL gehackter frischer Ingwer

50 g Buchweizen

Zubereitung:

Für die Zubereitung der Salsa Tomaten fein hacken. Dabei aufpassen, dass nicht zu viel Flüssigkeit aus der Tomate herauskommt. Tomaten mit Pfeffer, Chili, Petersilie, Kapern und Zitronensaft vermischen. Für eine püreeartige Variante die Zutaten in den Mixer geben.

Den Ofen auf 220 Grad erhitzen. Marinade aus einem TL Kurkuma, Zitronensaft und ein wenig Öl zubereiten und die Hühnerbrust damit bestreichen. Dann die Hühnerbrust in die heiß erhitzte Bratpfanne geben und auf beiden Seiten für 1 Minute anbraten, bis sie an ein paar Stellen goldgelb wird. Das angebratene Hähnchen in den Ofen geben und für 10 Minuten backen. Danach aus dem Ofen herausnehmen und mit Folie abdecken und 5 Minuten ruhen lassen.

Zur selben Zeit den Grünkohl hacken und in einem Dampfgarer 5 Minuten lang kochen. Rote Zwiebeln in Scheiben schneiden und mit dem Ingwer in ein wenig Öl anbraten. Dann den Grünkohl dazugeben und für 1 weitere Minute braten.

Den Buchweizen nach den Anweisungen auf der Packungsbeilage mit einem TL Kurkuma kochen. Danach die Hühnerbrust, Salatmischung und den Buchweizen auf einem Teller schön anrichten und servieren.

3 Duftender asiatischer Eintopf

Zubereitungszeit: 15 Minuten | Portionen: 2 | Kalorien: 185

Zutaten:

1 TL Tomatenmark

¼ TL gemahlener Anis

10 g Petersilie

10 g Koriander

Saft von ½ Limette

500 ml Hühnerbrühe

½ Karotte

50 g Brokkoli

50 g Bohnensprossen

100 g rohe Tigergarnelen

100 g fester Tofu

50 g Reisnudeln

50 g gekochte Wasserkastanien

20 g Sushi-Ingwer

EL Misopaste

Zubereitung:

Zuerst Petersilie- und Korianderstiele fein hacken. Dann zusammen mit Tomatenpüree, Anis, Limettensaft und Hühnerbrühe in einer großen Pfanne für 10 Minuten köcheln lassen. Den Brokkoli in kleine Röschen zerteilen und die Karotte schälen und in Streifen schneiden. Reisnudeln nach den Anweisungen auf der Packungsbeilage kochen. Dann alles der Mischung in der Pfanne hinzufügen. Garnelen, gehackten Tofu und abgetropfte Wasserkastanien dazugeben und leicht köcheln lassen, bis die Garnelen durchgegart sind. Die Pfanne vom Herd nehmen und gehackten Ingwer und Misopaste hinzufügen und einrühren. Zum Schluss mit der restlichen Petersilie und Koriander bestreuen.

4 Lamm-Tajine mit Datteln und Butternusskürbis

Zubereitung: 90 Minuten | Portionen: 4

Zutaten:

2 EL Olivenöl

1 rote Zwiebel, in Scheiben geschnitten

2 cm Ingwer, gerieben

3 Knoblauchzehen, gerieben oder zerkleinert

1 TL Chiliflocken

2 TL Kümmel

2 TL gemahlene Kurkuma

1 Zimtstange

800 g Lammnackenfilet, in 2 cm Stücke geschnitten

½ TL Salz

100 g Medjoul-Datteln

400 g Dose gehackte Tomaten

500 g Butternusskürbis, in 1 cm große Würfel geschnitten

400 g Dose Kichererbsen, abgetropft

2 EL frischer Koriander (plus extra zum Garnieren)

Buchweizen, Couscous, Fladenbrot oder Reis zum Servieren

Zubereitung:

Den Ofen auf 140 Grad vorheizen.

Die Zwiebeln in Scheiben schneiden und in einen großen ofenfesten Topf mit 2 EL Olivenöl geben. Den Deckel auf den Topf setzen und bei mittlerer Hitze für etwa 5 Minuten kochen, damit die Zwiebeln weich, aber nicht braun werden. Dann den Knoblauch, Chili, Ingwer, Kümmel, Kurkuma und Zimt hinzufügen, gut umrühren und eine weitere Minute mit geschlossenem Deckel kochen. Falls die Mischung zu trocken ist, ein wenig Wasser dazugeben, damit sie nicht verbrennt.

Danach das Lammnackenfilet in den Topf mit den Zwiebeln und Gewürzen hinzufügen. Mit Salz bestreuen. Entkernte und gehackte Datteln und Tomaten und 100 - 200 ml Wasser dazugeben. Dann alles zum Kochen bringen, den Deckel wieder auf den Topf legen und in den vorgeheizten Ofen stellen.

Die Tajine 45 Minuten kochen lassen. Dann aus dem Ofen nehmen und den Butternusskürbis und die Kichererbsen hinzufügen. Alles gut umrühren und wieder in den Ofen für weitere 30 Minuten stellen. Zum Schluss die Tajine aus dem Ofen nehmen und den gehackten Koriander einrühren. Mit Buchweizen, Fladenbrot, Couscous oder Basmatireis servieren.

Tipps:

- Anstelle eines ofenfesten Kochtopfs kann die Tajine in einem normalen Topf gekocht werden und dann in eine Auflaufform mit Deckel übertragen werden, bevor sie in den Ofen gestellt wird. In diesem Fall muss die Tajine noch zusätzliche 5 Minuten gekocht werden, weil die Auflaufform Zeit braucht, sich aufzuwärmen.

5 Gebackener Lachs mit Kurkuma

Zubereitungszeit: 25 Minuten | Portionen: 1

Zutaten:

ca. 150 g enthäuteter Lachs

1 TL jungfräuliches Olivenöl extra

1 TL Kurkuma

Saft aus ¼ Zitrone

Für die würzige Sellerie:

1 TL jungfräuliches Olivenöl extra

40 g rote Zwiebeln, fein gehackt

60 g grüne Linsen aus der Dose

1 Knoblauchzehe, fein gehackt

1 cm frischer Ingwer, fein gehackt

1 Vogelaugenchili, fein gehackt

150 g Sellerie, in 2 cm Stücke geschnitten

1 TL mildes Currypulver

130 g Tomate, in 8 Halbscheiben geschnitten

100 ml Hühner- oder Gemüsebrühe

1 EL gehackte Petersilie

Zubereitung:

Den Ofen auf 200 Grad vorheizen.

Für die Zubereitung der scharfen Sellerie eine Pfanne bei mittlerer Hitze erhitzen. Olivenöl, Zwiebel, Knoblauch, Ingwer, Chili und Sellerie in die Pfanne geben und für 2 - 3 Minuten leicht anbraten, bis die Zutaten weich werden. Dann das Currypulver hinzufügen und für eine weitere Minute kochen lassen. Danach die Tomaten in die Pfanne geben, dann die Brühe und zum Schluss die Linsen. Die Mischung für weitere 10 Minuten köcheln. Je nach Belieben darf das Gemüse ein wenig länger oder kürzer gekocht werden, je nachdem, ob man die Sellerie weicher oder knackiger essen möchte. Währenddessen die Marinade für den Lachs zubereiten. Kurkuma, Olivenöl und Zitronensaft in einer Schüssel vermischen und den Lachs damit bestreichen. Dann in den Ofen auf einem Backblech legen und für 8 - 10 Minuten backen. Petersilie in die Gemüsemischung hinzufügen und vermischen und neben dem gebackenen Lachs auf einem Teller anrichten.

6 Geräucherter Lachs mit Omelett

Zubereitungszeit: 5 - 10 Minuten | Portionen: 1

Zutaten:

2 Eier

100 g Räucherlachs, in Scheiben geschnitten

½ TL Kapern

10 g Rucola, gehackt

1 TL Petersilie, gehackt

1 TL jungfräuliches Olivenöl extra

Zubereitung:

Zuerst die Eier in eine Schüssel geben und gut verrühren. Dann den Lachs, Kapern und Rucola hinzufügen und mit Petersilie bestreuen. Alles gut vermischen. Das Olivenöl in einer Pfanne erhitzen. Die Mischung mit einem Schöpflöffel in der Pfanne gleichmäßig verteilen und mit einem Spatel ebnen. Bei mittlerer Hitze das Omelett braten, bis die Masse genug gehärtet ist, um sie auf die andere Seite zu wenden. Wenn das Omelett fertig ist, mit einer Gabel zusammenfalten und auf einem flachen Teller servieren.

7 Mit Miso marinierter Kabeljau mit gebratenem Gemüse und Sesam

Zubereitungszeit: 45 Minuten| Portionen: 1

Zutaten:

20 g Miso

1 EL Mirin

1 EL natives Olivenöl extra

200 g Kabeljaufilet, enthäutet

20 g rote Zwiebeln, in Scheiben geschnitten

40 g Sellerie, in Scheiben geschnitten

1 Knoblauchzehe, fein gehackt

1 Vogelaugenchili, fein gehackt

1 TL frischer Ingwer, fein gehackt

60 g grüne Bohnen

50 g Grünkohl, grob gehackt

1 TL Sesamsamen

5 g Petersilie, grob gehackt

1 EL Tamari

30 g Buchweizen

1 TL gemahlene Kurkuma

Zubereitung:

Für die Zubereitung der Marinade in eine kleine Schüssel Miso, Mirin und 1 TL Öl vermischen. Dann den Kabeljau damit einreiben und für 30 Minuten in der Marinade ruhen lassen. Den Ofen auf 220 Grad erhitzen und den Kabeljau 10 Minuten lang backen. In der Zwischenzeit in eine große Brat- oder Wokpfanne etwas Öl geben und erhitzen. Dann die Zwiebeln hinzufügen und für ein paar Minuten braten, bis sie weich und goldbraun werden. Dann Knoblauch, Sellerie, Chili, Ingwer, grüne Bohnen und Grünkohl hinzufügen. Beim Braten die Pfanne ein paar Mal vorsichtig schwenken oder das Gemüse mit einem Holzlöffel regelmäßig rühren. Falls die Gemüsemischung zu trocken ist, ein wenig Wasser hinzufügen, damit sie nicht verbrennt. Wenn der Grünkohl zart und durchgegart ist, wird das Gemüse vom Herd genommen. Den Buchweizen in einem Topf mit der Kurkuma nach den Anweisungen auf der Packungsbeilage für 3 Minuten kochen. Das Gemüse mit Petersilie, Sesamsamen und Tamari bestreuen und mit dem gebratenen Fisch servieren.

8 Schweinefleisch im chinesischen Stil mit Pak Choi

Zubereitungszeit: 20 Minuten | Portionen: 4

Zutaten:

400 g Tofu, in große Würfel geschnitten

1 EL Maisflocken

1 EL Wasser

125 ml Hühnerbrühe

1 EL Reiswein

1 EL Tomatenmark

1 TL brauner Zucker

1 EL Sojasoße

1 Knoblauchzehe, geschält und zerkleinert

5 cm frischer Ingwer, geschält und gerieben

1 EL Rapsöl

100 g Shiitakepilze, in Scheiben geschnitten

1 Schalotte, geschält und in Scheiben geschnitten

200 g Pak Choi, in dünne Scheiben geschnitten

400 g Schweinehackfleisch (10 % Fett)

100 g Bohnensprossen

20 g Petersilie, gehackt

Zubereitung:

Den Tofu auf Küchenpapier legen, mit Küchenpapier abdecken und beiseitestellen.

In einer kleinen Schüssel Maisstärke und Wasser vermischen, bis sich alle Klümpchen aufgelöst haben. Die Hühnerbrühe, Reiswein, Tomatenmark, braunen Zucker und Sojasoße dazugeben. Dann den zerdrückten Knoblauch und den Ingwer hinzufügen und verrühren.

In einer Wok- oder Bratpfanne das Öl auf eine hohe Temperatur erhitzen. Die Shiitakepilze hinzufügen und für 2 - 3 Minuten braten. Die Pilze mit einem Schaumlöffel aus der Pfanne nehmen und beiseitestellen. Den Tofu in die Pfanne geben und auf allen Seiten goldbraun anbraten. Mit einem Schaumlöffel aus der Pfanne nehmen und zur Seite stellen.

Schalotte und Pak Choi in den Wok geben, für 2 Minuten unter ständigem Rühren braten und dann das Hackfleisch hinzufügen. Braten, bis das Hackfleisch durchgegart ist. Dann die Soße hinzufügen, und bei mittlerer Hitze die Soße für 1-2 Minuten um das Fleisch herum sprudeln lassen. Die Bohnensprossen, Shiitakepilze und Tofu in die Pfanne geben und aufwärmen. Vom Herd nehmen, mit Petersilie bestreuen und umrühren und warm servieren.

9 Vietnamesischer Fisch mit Kurkumamarinade, Kräutern und Mangosoße

Zubereitungszeit: 45 Minuten | Portionen: 4

Zutaten:

Für den Fisch:

ca. 560 g frischer Kabeljau

2 EL Kokosöl

1 Prise Meersalz

Für die Fischmarinade:

1 EL Kurkumapulver

1 TL Meersalz

1 EL chinesischer Kochwein

2 TL gehackter Ingwer

2 EL Olivenöl

Schalotten- und Dillöl:

2 Tassen Schalotten

2 Tassen frischer Dill

1 Prise Meersalz nach Geschmack

Mango-Dip:

1 mittelgroße reife Mango

2 EL Reisessig

Saft von ½ Limette

1 Knoblauchzehe

1 TL trockene rote Chilischote

Toppings:

Frischer Koriander

Limettensaft

Cashewkerne (alternativ: Pinienkerne)

Zubereitung:

Den frischen Kabeljau ohne Knochen und Haut in 5 cm Stücke schneiden, die etwa 1,5 cm dick sind. In einer kleinen Schüssel Kurkumapulver, Meersalz, Wein, Ingwer und Olivenöl vermischen. Den Fisch damit marinieren und für mindestens 1 Stunde (am besten über Nacht) einziehen lassen. Für die Zubereitung des Mango-Dips Mango, Reisessig, Limettensaft, Knoblauchzehe und Chilischote in eine Küchenmaschine geben und bis zur gewünschten Konsistenz vermischen.

2 EL Kokosöl in einer großen Pfanne bei starker Hitze erhitzen. Dann die marinierten Fischscheiben einzeln in die Pfanne hineingeben. Die Hitze auf eine niedrigere Stufe einstellen und für insgesamt 10 Minuten braten: Nach ca. 5 Minuten wird der Fisch auf der nach unten gerichteten Seite goldbraun. Danach den Fisch wenden und für weitere 5 Minuten auf der anderen Seite braten.

Mit einer Prise Meersalz würzen und auf einen großen Teller übertragen. In derselben Pfanne mit dem restlichen Öl das Schalotten- und Dillöl folgenderweise zubereiten: Bei mittlerer Hitze den Rest des Öls in der Pfanne erhitzen und 2 Tassen in dünne Scheiben geschnittene Schalotten und den frischen Dill hinzufügen. Gleich danach die Hitze ausschalten und die Pfanne kurz schwenken. Mit ein wenig Meersalz würzen und dann über den Fisch gießen. Den Fisch mit Mango-Dip servieren, der mit frischem Koriander, Limette und Nüssen bestreut wird.

10 Chili con Carne

Zubereitungszeit: 1 Stunde 10 Minuten | Portionen: 4

Zutaten:

1 rote Zwiebel, fein gehackt

3 Knoblauchzehen, fein gehackt

2 Vogelaugenchilischoten, fein gehackt

1 EL natives Olivenöl extra

1 EL gemahlener Kreuzkümmel

1 EL gemahlene Kurkuma

400 g mageres Hackfleisch (5 % Fett)

150 ml Rotwein

1 roter Paprika, entkernt, Samen entfernt und in mundgerechte Stücke geschnitten

2 x 400 g gehackte Tomaten aus der Dose

1 EL Tomatenmark

1 EL Kakaopulver

150 g Kidneybohnen aus der Dose

300 ml Rinderbrühe

5 g Koriander, gehackt

5 g Petersilie, gehackt

160 g Buchweizen

Zubereitung:

In einem Topf Olivenöl bei mittlerer Hitze erhitzen und Zwiebel, Knoblauch und Chili für 2 - 3 Minuten anbraten. Dann den Kreuzkümmel und die Kurkuma hinzufügen, umrühren und eine Minute kochen lassen. Danach das Hackfleisch dazugeben und die Hitze auf die höhere Stufe einstellen. Den Rotwein hinzufügen und die Hälfte verdunsten lassen. Den roten Paprika, die Tomaten, das Tomatenmark, den Kakao, die Kidneybohnen und die Brühe in den Topf geben und 1 Stunde köcheln lassen. Während des Kochens ein wenig Wasser dazu gießen. Kurz vor dem Servieren Koriander und Petersilie unterrühren. In der Zwischenzeit den Buchweizen entsprechend der Packungsanleitung kochen und mit Chili servieren.

Sirtfood und Pasta

1 Buchweizennudeln mit Hühnerkohl und Miso-Dressing

Zubereitungszeit: 30 Minuten | Portionen: 2

Zutaten:

Für die Nudeln:

2 - 3 Handvoll Grünkohlblätter

150 g Buchweizennudeln

3 - 4 Shiitakepilze, in Scheiben geschnitten

1 Teelöffel Kokosöl oder Ghee

1 braune Zwiebel, fein gewürfelt

1 mittelgroße Freilandhühnerbrust, geschnitten oder gewürfelt

1 lange rote Chilischote, dünn geschnitten

2 große Knoblauchzehen, fein gewürfelt

2 - 3 Esslöffel Tamarisoße

Für das Miso-Dressing:

1½ Esslöffel frische Bio-Misopaste

1 Esslöffel Tamarisoße

1 Esslöffel natives Olivenöl extra

1 Esslöffel Zitrone oder Limettensaft

1 Teelöffel Sesamöl

Zubereitung:

Zuerst Wasser im Topf zum Kochen bringen. Dann beim Grünkohl Stiele entfernen und grob schneiden. Dem Wasser hinzufügen und für 1 Minute kochen. Grünkohl aus dem Wasser holen und beiseitelegen. Das Wasser wieder zum Kochen bringen, die Nudeln hinzufügen und gemäß den Anweisungen auf der Packungsbeilage kochen. Die Nudeln unter kaltem Wasser abspülen und beiseitestellen.

In der Zwischenzeit die Shiitakepilze in einer Pfanne mit etwas Ghee oder Kokosöl 2 - 3 Minuten braten, bis sie von allen Seiten leicht gebräunt sind. Mit Meersalz bestreuen und beiseitestellen. In derselben Pfanne mehr Kokosöl oder Ghee bei mittlerer Hitze erhitzen. Zwiebeln und Chili 2 - 3 Minuten anbraten und Hähnchenstücke hinzufügen. 5 Minuten kochen und ein paar Mal umrühren, dann den Knoblauch, die Tamarisoße und ein wenig Wasser dazugeben. 2 - 3 Minuten kochen und häufig rühren. Grünkohl und Nudeln in die Pfanne zum Aufwärmen hinzufügen. Schließlich die Zutaten für das Dressing vermischen und die Nudeln damit übergießen.

2 Asiatische Königsgarnelenmischung mit Buchweizennudeln

Zubereitungszeit: 30 Minuten |Portionen: 1

Zutaten:

150 g rohe Riesengarnelen, geschält

2 TL Tamarisoße (alternativ: Sojasoße)

2 TL extra natives Olivenöl

75 g Buchweizennudeln

1 Knoblauchzehe, fein gehackt

1 Vogelaugenchili, fein gehackt

1 TL Ingwer, frisch und fein gehackt

20 g rote Zwiebeln, in Scheiben geschnitten

40 g Sellerie, getrimmt und in Scheiben geschnitten

50 g Grünkohl, grob gehackt

75 g grüne Bohnen, gehackt

100 ml Hühnerbrühe

5 g Liebstöckel oder Sellerieblätter

Zubereitung:

In die erhitzte Bratpfanne Tamarisoße und Olivenöl geben. Die Garnelen hinzufügen, für 2 - 3 Minuten braten und dann beiseitelegen. Die Nudeln für 5 - 8 Minuten nach Packungsanweisung kochen. Danach abtropfen lassen und beiseitestellen. Die Knoblauchzehe, Ingwer, Chili, Zwiebeln, Sellerie, Grünkohl und Bohnen im restlichen Öl bei mittlerer Hitze 2 - 3 Minuten anbraten. Die Hühnerbrühe hinzufügen und zum Kochen bringen. Für eine oder zwei Minuten köcheln lassen. Die Garnelen, Nudeln und Liebstöckelblätter in die Pfanne geben, zum Kochen bringen, vom Herd nehmen und servieren.

3 Pasta Arrabbiata mit Garnelen

Zubereitungszeit: 60 Minuten| Portionen: 1

Zutaten:

Für die Pasta:

125 g rohe oder gekochte Garnelen

65 g Buchweizenteig

1 EL extra jungfräuliches Olivenöl

Für die Soße:

30 g Sellerie, fein gehackt

1 Knoblauchzehe, fein gehackt

1 Vogelaugenchili, fein gehackt

40 g rote Zwiebeln, fein gehackt

1 TL getrocknete gemischte Kräuter

1 TL extra jungfräuliches Olivenöl

2 EL Weißwein

400 g gehackte Tomaten in Dosen

1 EL gehackte Petersilie

Zubereitung:

In einer Pfanne Olivenöl geben und Sellerie, Knoblauch, Zwiebeln, Chili und Kräuter bei mittlerer Hitze 1 - 2 Minuten anbraten. Dann den

Wein hinzufügen und 1 Minute kochen lassen. Dann die Tomaten dazugeben und die Soße 20 - 30 Minuten köcheln. Falls nötig, die Soße mit ein wenig Wasser verdünnen.

Nudeln in eine Pfanne mit kochendem Wasser geben und nach Anleitung auf der Verpackung kochen. Dann abtropfen lassen und in Olivenöl kurz braten.

Garnelen und Petersilie der Soße hinzufügen. Falls aber rohe Garnelen verwendet werden, müssen sie zuerst für 3 - 4 Minuten in der Soße kochen und erst dann die Petersilie dazugeben.

Die Nudeln mit der Soße gründlich vermischen.

Sirt-Desserts

1 Sirt-Obst-Salat

Zubereitungszeit: 10 Minuten | Portionen: 1

Zutaten:

½ Tasse Grüntee

1 TL Honig

1 Orange

1 Apfel

10 Blaubeeren

10 rote kernlose Trauben

Zubereitung:

Den Honig in eine halbe Tasse grünen Tee einrühren. Den Saft aus der halben Orange auspressen und hinzufügen. Abkühlen lassen. Die andere Hälfte der Orange in Stücke schneiden und in eine Schüssel geben. Den Apfel entkernen und in Stücke schneiden. Apfelstückchen, Blaubeeren und rote Trauben in die Schüssel mit der Orange geben. Den Tee darüber gießen und vor dem Servieren einige Minuten ziehen lassen.

2 Sirt-Müsli

Zubereitungszeit: 5 Minuten | Portionen: 1

Zutaten:

20 g Buchweizenflocken

10 g Buchweizenhauche

15 g Kokosflocken oder Kokosraspeln

40 g Medjoul-Datteln, entkernt und gehackt

15 g Walnüsse, gehackt

10 g Kakaonibs

100 g Erdbeeren, geschält und gehackt

100 g griechischer Joghurt

Zubereitung:

Alle oben genannten Zutaten mit Ausnahme von Joghurt und Erdbeeren zusammenmischen. Vor dem Servieren Joghurt und Erdbeeren über die Müslimischung geben.

Tipps:

- Veganer können alternativ anstatt einfachem griechischem Joghurt Soja- oder Kokosjoghurt verwenden.
- Anstatt Erdbeeren können auch andere Beeren je nach Belieben für dieses Rezept werden.

3 Sirtfood-Leckerbissen

Zubereitungszeit: 20 Minuten

Zutaten:

120 g Walnüsse

30 g dunkle Schokolade (85 % Kakao) oder Kakaonibs

250 g Medjoul-Datteln

1 EL Kakaopulver

1 EL Kurkuma

1 EL natives Olivenöl extra

Vanillesamen oder 1 TL Vanilleextrakt

1 - 2 EL Wasser

Zubereitung:

Die Walnüsse und die grob zerkrümelte Schokolade in eine Küchenmaschine geben und verarbeiten, bis ein feiner Puder entsteht. Entkernte Medjoul-Datteln, Kakaopulver, Kurkuma, Olivenöl und Vanillesamen hinzufügen und so lange rühren, bis eine einheitliche Masse gebildet wird. Je nach Konsistenz der Mischung Wasser hinzufügen. Aus der Mischung kleine Bällchen formen und mindestens eine Stunde in einem luftdichten Behälter kühlen.

Tipps:

- Für einen zusätzlichen Genuss können die Bällchen in etwas Kakao oder Kokosraspeln gerollt werden.
- Im Kühlschrank aufbewahren.
- Innerhalb einer Woche verzehren.

4 Apfelpfannkuchen mit Kompott aus schwarzen Johannisbeeren

Zubereitungszeit: 20 Minuten | Portionen: 4

Zutaten:

Für die Pfannkuchen:

75 g Haferbrei

125 g Mehl

1 TL Backpulver

2 EL Puderzucker

eine Prise Salz

2 Äpfel

300 ml fettarme Milch

2 Eiweiße

2 TL leichtes Olivenöl

Für das Kompott:

120 g schwarze Johannisbeeren

2 EL Puderzucker

3 EL Wasser

Zubereitung:

Johannisbeeren waschen, dann Stiele entfernen und in eine Pfanne zusammen mit Zucker und Wasser geben. 10 bis 15 Minuten lang kochen lassen.

Mehl, Backpulver, Hafer, Puderzucker und Salz in einer großen Schüssel gut verrühren. Den Apfel schälen, entkernen und in kleine Stücke schneiden. Dann in die Mischung einrühren. Die Milch nach und nach dazugeben, bis eine glatte Masse entsteht. Das Eiweiß zu steifem Schnee schlagen und dann in den Pfannkuchenteig unterziehen. Öl in einer Pfanne bei mittlerer Hitze erhitzen und etwa ein Viertel des Teigs hineingeben. Auf beiden Seiten goldbraun braten und das Verfahren mit dem restlichen Teig wiederholen.

Luftige Pfannkuchen vor dem Servieren mit dem Kompott aus Johannisbeeren übergießen.

5 Himbeer-Johannisbeergelee

Zubereitungszeit: 15 Minuten |Portionen: 2

Zutaten:

100 g Himbeeren

2 Gelatineblätter

100 g schwarze Johannisbeeren

300 ml Wasser

2 EL granulierter Zucker

Zubereitung:

Die Gelatineblätter in eine Schüssel mit kaltem Wasser geben. Die Himbeeren waschen und in zwei Gläser verteilen. Schwarze Johannisbeeren in eine Pfanne geben. Zucker und 100 ml Wasser hinzufügen und zum Kochen bringen. 5 Minuten köcheln lassen und dann kurz beiseitelegen. Das überschüssige Wasser aus den Gelatineblättern ausdrücken, in die Pfanne mit Johannisbeeren geben und bis zur vollständigen Auflösung einrühren. 200 ml Wassers dazugeben. Die Gelatineflüssigkeit in die Gläser mit Himbeeren füllen und abkühlen. Nach ca. 3 Stunden ist das Gericht bereit zum Servieren.

6 Schokochips mit Knuspermüsli

Zubereitungszeit: 30 Minuten | Portionen: für 8 Personen | Kalorien: 244

Zutaten:

200 g Haferflocken

ca. 50 g Pekannüsse

3 EL Olivenöl

20 g Butter

1 EL dunkelbrauner Zucker

2 EL Reismalzsirup

60 g dunkle Schokoladenchips (70 % Kakaoanteil)

Zubereitung:

Zuerst den Ofen auf 160 Grad aufheizen.

Dann die Haferflocken und Pekannüsse in eine Schüssel geben und vermischen. In einer Pfanne Olivenöl, Butter, braunen Zucker und Reismilzsirup sanft erhitzen, bis alles zusammengeschmolzen ist. Den Sirup über die Mischung aus Haferflocken und Pekannüssen gießen und gründlich umrühren. Danach ein großes Backblech mit Backpapier auslegen und das Müsli über das Backblech bis in die Ecken verteilen. Ein paar absichtliche Klumpen stehen lassen, anstatt die Mischung gleichmäßig zu verteilen. Im Ofen 20 Minuten backen und danach vollständig abkühlen lassen. Das Knuspermüsli zerstückeln und mit Schokochips vermischen.

Tipps:

- Das Knuspermüsli in einem luftdichten Behälter im Kühlschrank für mindestens zwei Wochen aufbewahren.
- Anstatt Reismalzsirup kann Ahornsirup verwendet werden.
- Am besten mit einer Tasse grünem Tee servieren.

7 Rohe Brownie-Bissen

Zubereitungszeit: 5 Minuten | Portionen: 6

Zutaten:

2½ Tassen Walnüsse

¼ Tasse Mandeln

2½ Tassen Medjoul-Datteln

1 Teelöffel Vanilleextrakt

1 Tasse Kakaopulver

1 Teelöffel Vanilleextrakt

⅛ - ¼ Teelöffel Meersalz

Zubereitung:

Zuerst alle Zutaten in eine Küchenmaschine geben und gut vermischen. Dann die Masse mit den Händen zu mundgerechten Kugeln formen. Vor dem Verzehr für mindestens 30 Minuten einfrieren oder 2 Stunden im Kühlschrank aufbewahren.

8 Mocha-Schokoladenmousse

Zubereitungszeit: | Portionen: 4 - 6

Zutaten:

250 g dunkle Schokolade (85 % Kakaoanteil)

6 mittelgroße Freilandeier

4 EL schwarzer Kaffee

4 EL Mandelmilch

Schokoladenkaffeebohnen

Zubereitung:

In einen Topf Wasser aufkochen und eine Schüssel darauf platzieren. Schokolade in die Schüssel geben und rühren, bis sie ganz geschmolzen ist. Es muss darauf aufgepasst werden, dass der Boden des Topfs das Wasser nicht berührt. Dann die Schüssel vom Topf entfernen und die Schokolade auf der Raumtemperatur abkühlen lassen.

Die Eier trennen und die Eigelbe in die abgekühlte Schokolade einrühren. Dann den Kaffee und die Mandelmilch vorsichtig hinzufügen und vermischen. Eiweiße mit einem Mixer zu steifem Schnee schlagen, ein paar Löffel davon in die Schokoladenmischung hinzufügen und rühren. Den Rest vorsichtig mit einem großen Metalllöffel unterziehen.

Die luftige Mousse in 4 bis 6 Gläser verteilen und die Oberfläche schön glätten. Dann in den Kühlschrank stellen und für mindestens 2 Stunden kühlen. Vor dem Servieren die Mousse mit Schokoladenkaffeebohnen dekorieren.

9 Blaubeeren-Bananen-Pfannkuchen mit Apfelkompott und Goldener Milch mit Kurkuma

Zubereitungszeit: 25 Minuten

Zutaten:

Für die Blaubeeren-Bananen-Pfannkuchen:

6 Bananen

6 Eier

150 g Haferflocken

2 TL Backpulver

¼ Teelöffel Salz

25 g Blaubeeren

Für das Apfelkompott:

2 Äpfel, geschält und grob gehackt

5 Datteln, entkernt

1 EL Zitronensaft

¼ TL Zimtpulver

1 Prise Salz

Für die Goldene Milch mit Kurkuma:

3 Tassen Kokosmilch

1 TL Kurkumapulver

1 TL Zimtpulver

1 TL roher Honig

frische, geschälte Ingwerwurzel (kleines Stück)

1 Prise schwarzer Pfeffer

1 Prise Cayennepfeffer

Zubereitung:

Die Haferflocken in einem Mixer pürieren und für eine Minute lang pulsieren. Dann die Bananen, Eier, Backpulver und Salz in den Mixer geben und die Mischung für zwei Minuten pulsieren, bis ein glatter Teig entsteht. Danach die Masse in eine große Schüssel geben und Blaubeeren hinzufügen. Den Teig 10 Minuten lang ruhen lassen, damit sich das Backpulver aktiviert. Butter in einer Pfanne schmelzen und bei mittlerer Hitze kleine Portionen des Blaubeeren-Bananen-Pfannkuchenteigs hineingeben und auf beiden Seiten braten, bis sie goldbraune Farbe bekommen.

Für das Kompott den Apfel zusammen mit 2 EL Wasser und eine Prise Salz in eine Küchenmaschine geben und vermischen.

Alle Zutaten für die Goldene Milch in den Mixer geben und vermischen. Die Mischung in einen kleinen Topf geben und 4 Minuten bei mittlerer Hitze erhitzen, aber aufpassen, dass sie nicht aufkocht.

10 Schokoladen-Cupcake mit Matcha-Glasur

Zubereitung: 35 Minuten | Portionen: 12 | Kalorien: 234

Zutaten:

150 g Mehl

200 g Puderzucker

60 g Kakao

½ TL Salz

½ TL Espressopulver

120 ml Milch

½ TL Vanilleextrakt

50 ml Pflanzenöl

1 Ei

120 ml kochendes Wasser

Für die Glasur:

50 g Butter

50 g Puderzucker

1 EL Matcha-Grünteepulver

½ TL Vanilleschotenpaste

50 g weicher Frischkäse

Zubereitung:

Den Ofen auf 180 Grad vorheizen.

Mehl, Zucker, Kakao, Salz und Espressopulver in eine große Schüssel geben und gut durchmischen. Den trockenen Zutaten Milch, Vanilleextrakt, Pflanzenöl und Ei hinzufügen und mit einem Mixer gut vermischen. Kochendes Wasser langsam hinzufügen und weitermischen, bis eine gleichmäßige Masse entsteht. Dann eine weitere Minute mit dem Mixer schlagen, damit die Masse schaumig wird.

Ein Muffin-Backblech mit Kuchenförmchen auslegen. Den Teig mit einem Löffel vorsichtig in die Kuchenförmchen geben, aber nicht bis zum Rand füllen, weil der Teig während des Backens aufkommen wird. Den Teig in den Ofen geben und für 15 - 18 Minuten backen. Um zu überprüfen, wann der Biskuit fertig ist, mit Fingerspitzen die Oberfläche ein wenig drücken. Wenn sich der Biskuit watteähnlich anfühlt und keine dauerhafte Vertiefung wegen des Fingerdrucks hinterlässt, dann kann er aus dem Ofen genommen werden. Abkühlen lassen.

Für die Zubereitung der Glasur die Butter schmelzen, Puderzucker dazugeben und umrühren, bis eine gleichmäßige glatte Masse entsteht. Dann das Matcha-Pulver und die Vanille hinzufügen und nochmals umrühren. Zum Schluss den Frischkäse dazugeben und rühren, bis die Glasur vollständig glatt ist. Die Glasur mit einem Löffel über den Cupcakes verteilen.

Sirt-Getränke

1 Matcha-Grüntee-Smoothie

Zubereitungszeit: 3 Minuten | Portionen: 2

Zutaten:

2 Bananen

250 ml Milch

2 TL Matcha-Grünteepulver

½ TL Vanilleschotenpaste oder ein bisschen Samen aus einer Vanilleschote

6 Eiswürfel

2 TL Honig

Zubereitung:

Alle Zutaten in einen Mixer geben und in zwei Gläsern servieren.

2 Sirtdiät-Grünsaft

Zubereitungszeit: 10 Minuten | Portionen: 2

Zutaten:

75 g Grünkohl

30 g Rucola

5 g Petersilie

2 Selleriestangen

½ grüner Apfel

1 cm Ingwer

Saft von ½ Zitrone

½ Teelöffel Matcha-Grüntee

Zubereitung:

Alle Zutaten außer der Zitrone und dem Matcha-Grüntee entsaften. Den Zitronensaft mit der Hand ausdrücken und in den grünen Saft hinzufügen. Den grünen Saft in zwei Gläser verteilen und den Matcha-Grüntee einrühren.

Tipp:

- Das Getränk darf bis zu drei Tagen im Kühlschrank aufbewahrt werden.

3 Smoothie aus Grünkohl und schwarzen Johannisbeeren

Zubereitungszeit: 3 Minuten | Portionen: 2 | Kalorien: 86

Zutaten:

2 TL Honig

1 Tasse Grüntee

10 Kohlblätter

1 reife Banane

40 g schwarze Johannisbeeren

6 Eiswürfel

Zubereitung:

Den Honig in den warmen grünen Tee bis zur vollständigen Auflösung einrühren. Kohlblätter und Johannisbeeren waschen und Stiele entfernen. Alle Zutaten in einem Mixer geben. Der Smoothie kann sofort serviert werden.

4 Trauben- und Melonensaft

Zubereitungszeit: 2 Minuten | Portionen: 1 | Kalorien: 125

Zutaten:

½ Gurke

30 g junge Spinatblätter

100 g rote kernlose Trauben

100 g Melone

Zubereitung:

Eine halbe Gurke schälen, Samen entfernen und grob hacken. Bei Spinatblättern Stiele entfernen. Melone schälen, entkernen und in Stücke schneiden. Alle Zutaten in einem Mixer geben und sofort servieren.

5 Blaubeeren-Smoothie

Zubereitungszeit: 2 Minuten |Portionen: 2 | Kalorien: 160

Zutaten:

1 reife Banane

100 g Blaubeeren

100 g Brombeeren

2 EL natürlicher Joghurt

200 ml Milch

Zubereitung:

Alle Zutaten in einem Mixer pürieren.

Sirtfood-Snacks für zwischendurch

Wenn der kleine Hunger kommt, dann liegt die Rettung in gesunden Sirtfood-Snacks, die schnell sättigen und dazu noch kalorienarm sind:

Grüner Tee | 1 Tasse | 0 Kalorien

Von grünem Tee darf man so viel trinken, wie man will. Wenigstens zwei Tassen pro Tag werden empfohlen. Er steigert den Energielevel und hilft somit, den Tag gut durchzustehen.

Rote Trauben | 10 Stück | 30 Kalorien

Ein weiterer Sirtfood-Snack, den man jederzeit aus dem Kühlschrank holen kann.

Apfel | 1 Stück | 47 Kalorien: Ein Apfel nach dem Mittagessen ist empfehlenswert. Er hilft, das Verlangen nach Zucker in Schach zu halten.

Blaubeeren | 80 g | 36 Kalorien

Dieser Sirtfood-Snack ist bekannt für seine Wirkung beim Abnehmen und mit einer großen Handvoll davon wird man trotz weniger Kalorien schnell satt.

Brombeeren | 15 Stück | 32 Kalorien

Eine weitere Köstlichkeit aus dem Kühlschrank, die mit Magnesium- und Eisengehalt allen anderen Obstsorten weit überlegen ist.

Granatapfel | 50 g | 50 Kalorien

Granatapfelsamen sind mit fast 80 % des Wasseranteils ein wahrer Durstlöscher.

Kakao | 2 Teelöffel | 33 Kalorien

Zwei Teelöffel Kakao und ein Teelöffel Zucker werden mit etwas kochendem Wasser zusammengemischt, damit die Mischung eine glatte Textur bekommt. Dann wird Milch eingerührt und fertig ist das kalorienarme Kakaogetränk.

Dunkle Schokolade | 6 Stückchen bzw. 20 g | 125 Kalorien

Wer dunkle Schokolade mit 70 % Kakaoanteil bevorzugt, darf weitere drei Stückchen essen, d. h. insgesamt 30 g.

Oliven | 6 Stück | 75 Kalorien

Ein perfektes Snackfood am Nachmittag oder vor dem Abendessen. Für einen besseren Geschmack bei Raumtemperatur servieren.

Sirtfood-Diät: Ist sie den Versuch wert?

Eine Sirtfood-Diät beginnt mit einer Art Entgiftung durch den Konsum von gesunden grünen Säften und Smoothies und die reduzierte Kalorienaufnahme in der ersten Woche. Für diejenigen, die überschüssige Kilos loswerden möchten, hört sich das besonders anziehend an, denn gleich in der ersten Phase der Diät, wer sie richtig angewandt hat, verliert bis zu 3 kg. Zwar scheint das Konzept der ersten Diätphase einschränkend und mit Sicherheit würde so eine Diät auf Dauer gesundheitliche Schäden anrichten, aber sie ist nur der scheinbar schwierige Start, der eine gesunde Nahrungsumstellung ankündigt.

Nach den ersten sieben Tagen wird mit der Diät etwas anders fortgesetzt, denn das langfristige Ziel der Sirtfood-Diät ist es nicht, in kurzer Zeit drastisch abzunehmen, sondern sich gesunde, lebenslang anhaltende Essgewohnheiten anzueignen. Das funktioniert folgendermaßen: Vor allem konzentriert man sich nicht darauf, auf kalorienreiche Lebensmittel zu verzichten, sondern bestimmte Lebensmittel in den täglichen Gebrauch zu etablieren. Das heißt, man darf seine Lieblingsgerichte genießen, indem man sie mit einer Ergänzung in Form von sirtuinreichen Lebensmitteln bereichert. Solch eine Herangehensweise hilft nicht nur bei der Fettverbrennung, sondern sie ermöglicht auch, eine breite Palette an köstlichen Spezialitäten zu genießen, ohne dafür einen besonderen Anlass finden zu müssen. Darüber hinaus weist sie über einen längeren Zeitraum hinweg verschiedene gesundheitliche Vorteile auf.

Die von Goggins und Matten erstellte Diät hat die wahre Bedeutung des Begriffs „Diät“ wieder entdeckt. Dabei geht es um die Einstellung, dass die besten Lebensmittel täglich auf eine Art und Weise zubereitet werden, dass sie:

- genug Energie für den Tag verleihen,
- während der Zubereitung ihre Nährstoffe beibehalten und somit gesund bleiben,
- ein ausgewogenes Verhältnis zwischen Eiweiß, Kohlenhydraten und Fett aufweisen und
- für die ganze Familie genießbar sind.

Letztendlich kann man sagen, dass auf Dauer nur diejenigen Diäten erfolgreich sind, die auf dem Prinzip der Inklusion und nicht Exklusion beruhen. Bei einer guten Diät leiden die Gesundheitsbewussten nicht an Energiemangel und Hunger, sondern ernähren sich ausgewogen und sind den ganzen Tag über körperlich und mental fit.

Impressum

Cooking Club wird vertreten durch:

Instyle Supply and Control Limited

20th Floor, Central Tower, 28

Queen's Road, Central, HK

Coverbilder

[creativelog] | [Fiverr]

Haftung für externe Links

Das Buch enthält Links zu externen Webseiten Dritter, auf deren Inhalt der Autor keinen Einfluss hat. Deshalb kann für die Inhalte externer Inhalte keine Gewähr übernommen werden. Für die Inhalte der verlinkten Webseiten ist der jeweilige Anbieter oder Betreiber der Webseite verantwortlich. Die verlinkten Seiten wurden zum Zeitpunkt der Verlinkung auf mögliche Rechtsverstöße überprüft. Rechtswidrige Inhalte waren zum Zeitpunkt der Verlinkung nicht erkennbar. Eine permanente inhaltliche Kontrolle der verlinkten Webseiten ist jedoch ohne konkrete Anhaltspunkte einer Rechtsverletzung nicht zumutbar. Bei Bekanntwerden von Rechtsverletzungen werden derartige Links umgehend entfernt.

Printed in Poland
by Amazon Fulfillment
Poland Sp. z o.o., Wrocław

53932638R00058